地理総合の授業

奈良県高等学校地理教育研究会編

帝国書院

目次

【はじめに】

「地理総合」スタートに向けて

奈良県高等学校地理教育研究会会長・奈良地理学会副会長
奈良県立郡山高等学校長　土居正明

　本書を手に取っていただき、ありがとうございます。

　近年、地理に対する需要が高まっていると私は感じています。

　自然災害が深刻化するにつれ防災意識が高まり、地形図を使ったハザードマップが各自治体で作成され、また、ICT（情報通信技術）機器の性能向上に伴い地図上にいろいろな情報を載せて表現するGIS（地理情報システム）が身近なものになっています。夢の自動車自動運転は、ナビゲーションの進化が地理情報と連動し、すでに現実のものとなりつつあります。ニュースを見れば気候や環境問題において地球には国境が無いことを思い知り、農業や食糧問題は近所のスーパーマーケットと直結していることを実感します。原発問題ではエネルギー問題が身近な問題なんだと気づかされ、また世界では未だに人種や民族問題に端を発する紛争が後を絶ちません。NHKの「ブラタモリ」がフィールドワーク（現地調査）の手法で人気を博していることも含め、これらはみんな地理がテーマとするところであり、「地理総合」で取り上げられる内容に通じます。

　本書は、令和4（2022）年度から高等学校で「地理総合」が必修化されることをきっかけに、その新科目の理解と地理の魅力への誘いを目的にまとめたものです。フィールドワークについては奈良県を舞台に高等学校教員が授業で使えるように作成いただきました。そもそも地理を教えたことのない地歴科教員に読んでいただきたい、という願いを込めてまとめたものであり、それゆえ広く一般の方々にも地理の魅力が多少なりとも伝わるのではないかと思います。

　令和4年度より実施される高等学校新学習指導要領において、地理に関わる

者にとっては待望の地理必修化が実施されます。同時に今まで地理に携わっていない教員にとっては少しハードルを感じられるかもしれません。

　高等学校において日本史も世界史も地理も履修していた座布団型のカリキュラムから、昭和45（1970）年告示の学習指導要領で地理が必修科目でなくなり、平成元（1989）年告示の学習指導要領において世界史のみが必修とされ、多くの大学の入試科目から地理が消えていきました。そうなると高校のカリキュラムにおける地理の設定が減少し、地理の履修者も文系を中心に激減することになりました。この状態が長く続き、大学で地理を専攻していた教員も教える機会が少なくなり、高校で地理を学んでいない生徒が大学の地理学科に進むという不合理な実態がありました。

　新学習指導要領における地理は「地理総合」「地理探究」という構成になり、「地理総合」が必修化されますが、そうなるとたちまちすべての学校において、地理の楽しさを伝えることができる教員の養成が急務になってきます。高等学校で地歴科を教える教員は、その名の通り地理も歴史も教えるライセンスがある訳ですが、やはり得意分野があります。時間軸を縦糸とし、空間軸を横糸として人の営みを紡ぐと言ってしまえば、高校の地歴科ではいずれの科目も同じですが、その取り扱い対象や視点、アプローチの手法など、学問分野が持つ特性の違いが大きく影響することになります。

　地理については、自然科学が理解の基盤となっている分野が多く、事象の分析や表現にもデータや図表、地図を用い、気象や地形など地球環境や自然科学そのものを扱うこともあります。地図を読むという、地理を学ぶものにとっては醍醐味ともいえる分野も奥深く、地形図などは読む人の技量で無限の情報が引き出されます。もちろん地理の教員も今まで積み上げてきた経験に安住することなく、GISや防災など新しい学びを身につけねばなりません。

　このように言うと地理教育を経験していない教員にとっては腰が引けるかもしれません。学びを進めると奥は深いと思いますが、「地理総合」はその導入という役割です。地理という学問分野の特性、その守備範囲の広さとSDGs（持

続可能な開発目標）やESD（持続可能な開発のための教育）など現代の諸課題を扱う方法を知り、その楽しさや面白さを説いていただく入り口となれば、大変ありがたく思います。

　教員自身が学んだことのない科目を高等学校で担当することに対して、不安を覚えることは自然なことと思われます。そのため、令和元年度から「地理総合研修会」を立ち上げ、奈良大学の木村圭司教授のご指導を仰ぎながら2年間にわたり研修会を催すことができました。本書は、広く先生方が、いつでも手元で開くことができるよう、研修会での発表内容が中心となっています。ここに懇切なるご指導を賜り、また編集と発刊に関わって多大なご尽力を賜りました奈良大学木村圭司教授と研究室学生諸君に心より御礼を申し上げます。また、忙しい現場での勤めに加えて、研修会の企画・発表や原稿作成の労を執っていただいた高等学校の先生方に改めて御礼申し上げます。

　さて、どうやら新しい時代が近づいているようです。教育現場におけるICT導入が進んだことは、コロナ禍が一つの契機となりました。地理の必修化に繋がった日本学術会議での提言も新しい時代を見据えています。

　私事ですが、すでに離れて長くなってしまった教壇で、地形図のたたみ方を説明しフィールドノートとともに生徒と一緒に歩き回ったことを思い出します。令和4年度からの新学習指導要領が意識している時代の要請に対して、地理という学問分野は非常に有効であると信じつつ、巻頭の挨拶と致します。

発刊に寄せて

奈良県教育委員会事務局　地歴科指導主事　笹岡勇也

　中央教育審議会で議論されてきた新しい地歴科の学びが、平成30（2018）年の学習指導要領改訂により、必履修科目「歴史総合」「地理総合」として誕生しました。この改訂は、高等学校地歴科教員にとっては「地歴科維新」とも言える大改革であり、特に歴史を専門とする教員にとっては、地理科目の必履修化は、黒船来航のような騒ぎとなりました。

　これまでの学習指導要領における教育課程のもと、必履修でない地理科目を履修した生徒の割合は、歴史科目に比べ極めて低い状況が続いていました。その影響もあり、地歴科の教員採用においても地理を専門とする教員の割合が少ない現状が全国的にみられ、本県においても例外ではありません。今後、すべての高等学校において「地理総合」を教えるためにも、教員研修の充実は必須と言えます。

　このような中で、奈良県高等学校地理教育研究会では、令和元（2019）年度より「地理総合研修会」を実施してきました。研修会には、新学習指導要領に示された3つの項目ごとに、歴史を専門とする教員が「地理総合」を教える際のヒントが示され、「地理総合」の面白さが伝わる内容となり、多数の参加をいただきました。本書は、この研修会で示された指導事例等、さらに県内高校周辺でのフィールドワークの事例をまとめたものです。

　新しい科目「地理総合」においては、中学校での学習の成果の上に立ち、これまでに獲得した知識・スキル、地理的な見方・考え方を働かせ、段階的に鍛えられた思考力等を基にして、さらに理科など他教科の学びで得た力を活用して、主題的な学習を行います。「地理総合」での学習活動は、高校生が大学入試のために地理用語の名称や仕組みを単に覚えるのではなく、地理的事象の意味や意義を見いだし、課題を見つけ、追究する活動であり、生徒は国際社会で

活躍するための素養のみならず、生きる力を身に付けていくことが可能となります。また、この学習は授業の中で終結することなく、実社会に出ても継続的に考え続けることができる契機となるよう意図したものです。

　本書で紹介する指導事例は、今後、「地理総合」を教える上での核となる内容を取り扱うものであり、学びを深めるためのヒントを提供するものとなっています。

　令和4（2022）年4月には「地理総合」の授業が始まります。「地理総合」は面白い、という声が生徒からだけではなく、初めて地理を教える教員からも聞こえることを期待し、本書がその一助となることを願います。高等学校の地歴科教員だけではなく、小学校・中学校の社会科教員の方々にも本書をご覧いただき、高等学校での学びの一端をお知りいただきたいです。

　最後に、本書の出版に関係するすべての皆様に心からの敬意を表し、本書が高等学校地理教育の充実に寄与することを心から願っております。

第Ⅰ部 単元の指導事例
～学習指導要領にそって～

奈良盆地の浸水想定区域

凡例

浸水想定区域

- 0〜0.5m
- 0.5〜3.0m
- 3.0〜5.0m
- 5.0〜10.0m
- 10.0m以上

—— 河川
☐ 市町村界

N

0 2.5 5 10
km

（国土数値情報より作成）

1. GISについて

奈良県立西の京高等学校　冨田晋吾

1．はじめに

　令和4（2022）年より必修化される「地理総合」では、今までの「地理A」「地理B」とは異なり、GIS（地理情報システム）を用いた学習活動が求められるようになる。GISは、「Geographic Information System」の略であり、地理空間情報を電子地図上で一体的に処理する情報システムのことを言う。GISは「地理的位置を手掛かりに、位置に関する情報を持ったデータ（空間データ）を総合的に管理・加工し、視覚的に表示し、高度な分析や迅速な判断を可能にする技術」（国土交通省国土地理院HP※1）であり、多くの自治体が様々な分野で利用している。我々教員は、そのGISを授業で用いることが必要になるわけだが、どのように活用していけばいいのだろうか。ICT（情報通信技術）を活用した授業が今後ますます一般化していく中で、その可能性についてこの章では述べていきたい。

2．「地理総合」とGIS

　平成30（2018）年に示された「新高等学校学習指導要領」基本方針の中で、「主体的・対話的で深い学び」が挙げられている。この考え方は、「学ぶことに興味や関心を持ち、自己のキャリア形成の方向性と関連付けながら、見通しを持って粘り強く取り組み、自己の学習活動を振り返って次につなげる」という「主体的な学び」と、「子供同士の協働、教職員や地域の人との対話、先哲の考え方を手掛かりに考えること等を通じ、自己の考えを広げ深める」という「対話的な学び」、そして「習得・活用・探究という学びの過程の中で、各教科等の特質に応じた『見方・考え方』を働かせながら、知識を相互に関連付けてより深く理解したり、情報を精査して考えを形成したり、問題を見いだして解決

策を考えたり、思いや考えを基に創造したりすることに向かう」という「深い学び」の３つの「学び」に立ったものである。これらの視点を持って授業の改善を行うことが、「資質・能力を身に付け、生涯にわたって能動的（アクティブ）に学び続けるようにする」人物を生み出すことにつながると文部科学省は述べている。「地理総合」はこの考え方を背景に登場した新科目である。知識一辺倒に陥りやすかった今までの「地理」ではなく、生徒自身が調べ、考え、行動できるような授業展開が必要だ。そのような流れで用いられるようになったのがGISであり、GISの活用がこれからは必須なのである。

　では、どのようにGISを活用すればいいのだろうか。既に市場には様々な書籍が登場している。時枝・木村による『スマホとPCで見るはじめてのGIS』（古今書院，2019）では付属の２次元コードを読み取るとすぐにGISデータのページにつながるという、GIS初心者の教員でも簡単にGISに触れられるものもある。また、千葉県高等学校教育研究会が編集している『新しい地理の授業　高校「地理」新時代に向けた提案』（二宮書店，2019）では、紙上GISの活用方法や、「MANDARA」（地理情報分析支援システム，谷謙二）を用いたGIS授業について専門的に取り上げられている。それらを踏まえ、本書では、「地理院地図」（電子国土Web）を用いたGIS授業の案を提示する。

３．指導案

１．主題：地図から地域を知ろう！　GISの活用を通じて、学校周辺地域の諸
　　問題について考えてみよう
２．用いる機材：パソコン（教師用１台）（可能であれば生徒人数分）
　　　　　　　　　プロジェクター
　　　　　　　　　書画カメラもしくはタブレット機器
３．活用サイト：
　　国土地理院「地理院地図」(https://maps.gsi.go.jp/#5/36.104611/140.084556/&base=std&ls=std&disp=1&vs=c1j0h0k0l0u0t0z0r0s0m0f1)

「今昔マップ on the web」谷謙二（http://ktgis.net/kjmapw/index.html）

4．本時の目標：

　自身の通う学校周辺を地理的に考察することを通じて、その地域がどのように形成されてきたのかを理解する。その上で、どのような施設が必要なのか、どのような発展をしていけばよいかを話し合い、思考を深めていく。

5．評価の観点と評価の基準

観点	個別の知識・技能	思考力・判断力・表現力	学びに向かう力
A	「地理院地図」と「今昔マップ」の使い方、見方を知り、自分自身でも活用をすることができるようになる。また、高校周辺の地域がどのように形成されているのかを理解し、他の地域についても調べられるようになる。	建物や池、農地の位置と分布を理解し、なぜその場所に存在するのかを、また、どのような場所にどういった施設、農地があるべきなのかを話し合い、まとめ、新たに自身の考えを提案できるようになる。	地域の特徴を理解する力を使い、自分の住居周辺についても、また他地域についても考察をしていくことができるようになる。また、何がその地域に必要なのか、思考を広げることができるようになる。
B	「地理院地図」と「今昔マップ」の使い方、見方を知る。また、高校周辺の地域がどのように形成されているのかを把握できるようになる。	建物や池、農地の位置と分布を理解し、なぜその場所に存在するのかを話し合い、まとめるようになる。	地域の特徴を理解する力を使い、自分の住居周辺について考察をしていくことができるようになる。また、何がその地域に必要なのか、考えることができるようになる。
C	「地理院地図」と「今昔マップ」の見方を知る。また、高校周辺の地域について大まかな地形を知る。	建物や池、農地の位置を理解し、その場所に何があるのかを共有し合い、まとめることができるようになる。	地域の特徴を理解する力を使い、自分の住居周辺について考察をしていくことができるようになる。
D	「地理院地図」と「今昔マップ」の見方を知る。また、高校周辺の地域について大まかな地形を知る。	建物や池、農地の位置を理解し、その場所に何があるのかを知りまとめることができるようになる。	地域の特徴を理解する力を使い、自分の住居周辺について興味を持つようになる。

6. 本時の指導過程　　（50分で作成）

課程	学習内容	学習活動	指導上の留意点
導入 5分	○起伏図（図1）を見て、どこの地形を意味しているのか考える。	○生徒たちに図1を見せて、どこの場所を示しているか数人に発言させる。 ○高校の場所がどのような起伏となっているのかを考得させる。	○どんなことでもいいので積極的に答えてもらう。 ○4、5人に答えてもらう。 ○授業の中で積極的にメモをとらせていく。
展開 30分	○現代の地図（図2）と過去の地図（図3）を見て、どのような違いがあるのかを話し合う。また、どのような差の変化があったのかを確認し合う。 ○現代の3D地図（図4）と過去の3D地図（図5）を見て、土地の隆起からどのような特徴が見受けられるのかを話し合う。その後、発表する。 ○過去と現在の違いを知った上で、この地域をより発展させるためにはどのような場所にどのような施設を作るべきなのかを班で考える。その後、発表を行う。	○5～6人の班に分かれ、現代の地図と過去の地図を平面で生徒たちに示す。平面地図を見て、どのような差があるのか、自由に話をさせる。 ○3D地図を提示することで、平面では見えてこなかった違いを把握させる。どのような場所に家ができ、どのような場所が農地のままなのかなど自由に話をさせる。その後、発表をさせる。様々な意見を耳にすることで、多様な価値観を感じてもらう。 ○土地の変化を、隆起などを含めた地図を見せることで考察させ、意見を各班でまとめさせる。	○簡単な答えでもいいので、意見を言えるように雰囲気作りをする。 ○班で話し合う前に、まずは自分で意見を出させるようにする。そのため、話し合いの前に数分だけ時間をとってまずは自分の考えをプリントに書き出させることをする。 ○コンピュータ室を利用できる場合は、アドレスを配布し、図2～図5をインターネットで見ることができるようにする。コンピュータ室が使えない場合は、プロジェクタを用いて、生徒たちにカラーの地図を見せる。また、生徒たちに考察するツールとして図2～5が掲載されたプリントを配布する。
まとめ 10分	○他者の多様な意見を聞いた後、自分自身の考えや、学習にどのくらい積極的に取り組めたのかを見つめ直す。	○生徒たちにプリント（振り返りシート）を記述させて学習の整理をさせる。その後、授業プリントと一緒に回収をし、次回の授業でどのような意見があったのかを伝える。	○振り返りシートをさせることで、自分自身を見つめ直させる。これにより、問題点を意識させる。

参考資料

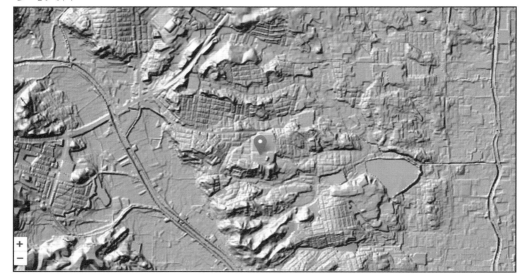

図1　1975〜1979年の起伏図　（「今昔マップ」on the webで制作）
http://ktgis.net/kjmapw/kjmapw.html?lat=34.669288&lng=135.771983&zoom=15&dat
aset=keihansin&age=7&screen=1&scr1tile=k_cj4&scr2tile=k_cj4&scr3tile=k_
cj4&scr4tile=k_cj4&mapOpacity=10&overGSItile=hillshademap&altitudeOpacity=10&ma
rkers=,34.668070,135.767463

図2　現代の空中写真　（「地理院地図」で制作）
https://maps.gsi.go.jp/#16/34.668211/135.768163/&base=std&ls=std%7Cort_
old10%7C_ort&blend=00&disp=101&lcd=_ort&vs=c1j0h0k0l0u0t0z0r0s0m0f1

図3 1961〜1969年の空中写真 （「地理院地図」で制作）
https://maps.gsi.go.jp/#16/34.668052595718414/135.7679271697998/&base=std&ls
=std%7Cort_old10&blend=0&disp=11&lcd=ort_old10&vs=c1j0h0k0l0u0t0z0r0s0m0f1

図4 現代の3D画像：起伏あり （「地理院地図」で制作）
https://maps.gsi.go.jp/index_3d.html?z=16&lat=34.668052595718414&lon=135.76792
71697998&pxsize=1024&ls=std%7Cairphoto&blend=0#&cpx=51.183&cpy=17.094&cpz
=10.944&cux=0.505&cuy=0.233&cuz=0.831&ctx=0.000&cty=0.000&ctz=0.000&a=5&b
=0&dd=0

図5　1961〜1969年の３D画像：起伏あり　（「地理院地図」で制作）
https://maps.gsi.go.jp/index_3d.html?z=16&lat=34.668052595718414&lon=135.76792
71697998&pxsize=1024&ls=std%7Cort_old10&blend=0#&cpx=52.350&cpy=16.197&cp
z=12.551&cux=0.483&cuy=0.240&cuz=0.842&ctx=0.000&cty=0.000&ctz=0.000&a=4.9
&b=0&dd=0

参考となるHP

◎今昔マップ on the web

http://ktgis.net/kjmapw/kjmapw.html?lat=34.669288&lng=135.771983&zoom=15&dataset=keihansi
n&age=7&screen=2&scr1tile=k_cj4&scr2tile=k_cj4&scr3tile=k_cj4&scr4tile=k_cj4&mapOpacity=
10&overGSItile=hillshademap&altitudeOpacity=10&markers=,34.668070,135.767463

◎地理院地図

https://maps.gsi.go.jp/#5/36.104611/140.084556/
&base=std&ls=std&disp=1&vs=c1j0h0k0l0u0t0z0r0s0m0f1

右記２次元コードにより、上記リンク集のページに飛べる

https://docs.google.com/spreadsheets/d/1gj2w8wJQTmXohTrwuxMIA
0onUnljq2eKPAUvrb4Fv9c/edit?usp=sharing

（全てインターネットへつながる。このアドレスをコピー＆ペーストさせる。

もしくは、教師が必要な情報を抜粋してプリントにすることで授業を作り上げる。）

※1　国土交通省国土地理院HP「GISとは・・・」2021年９月閲覧

ワークシート例
地図から地域を知ろう！

年　　組　　番　氏名（　　　　　　　　　）

［1］現代の地図（図2）と過去の地図（図3）を見て、どのような違いがありますか？

（自分の意見）
（同じ班の人の意見）
（他の班の意見）

［2］現代の地図3D（図4）と過去の地図3D（図5）を見て、気がついたことをまとめてみよう。

（自分の意見）
（同じ班の人の意見）
（他の班の意見）

［3］どのような場所が開発され、どのような施設ができればよいと思いますか？

（自分の意見）
（同じ班の人の意見）
（他の班の意見）

振り返りシート

	質問	(good) 1—2—3 (bad)		
1	何事に対しても意欲を持って取り組み率先して話し合いに取り組めましたか？	1	2	3
2	地理的技術が身についたと思いますか？	1	2	3
3	課題などを発見できましたか？	1	2	3
4	記録をとることができましたか？	1	2	3
5	今日習った内容を別の場面・別の機会に活用することができますか？	1	2	3

記述欄

学んだこと
・
・
・
・
・
・
・
・
・

次の課題にしたいこと

メモ

２．世界の食文化
～アジアモンスーン地域を中心に～
奈良県立法隆寺国際高等学校　西嶋謙治

１．はじめに

　平成30（2018）年告示の学習指導要領（以下、今次要領）において、地理歴史科における大きな変更点の一つが地理の必修化（「地理総合」の設置）である。この科目のねらいとその内容は「A地図や地理情報システムと現代世界」「B国際理解と国際協力」「C持続可能な地域づくりと私たち」となっている。

　本稿はこの大項目の中の「B国際理解と国際協力」に焦点を当てて作成した。今次要領の解説では、「世界の特色ある生活文化と地球的課題を主な学習対象とし、特色ある生活文化と地理的環境との関わりや地球的課題の解決の方向性を捉える学習などを通して、国際理解や国際協力の重要性を認識することを主なねらいとしている。」とされている。

２．国際理解と国際協力の学習のねらい

　前項の今次要領の解説をふまえて学習指導案を作成した。

　学習テーマは「世界の食文化 ～アジアモンスーン地域を中心に～」とした。

　学習におけるねらいは、①日本および各国の食文化やその変化と各地域の気候・農業・貿易に関する知識や理解を身に付けること。②それらの知識や理解をもとに南北問題や自由貿易、環境問題などの諸問題を「持続可能な開発目標（SDGs）」において取り上げられている「貧困」「経済成長と雇用」「不平等」「持続可能な消費と生産」などの視点から多面的・多角的に考察し、解決する力を養うことである。

3．学習の実際

（1）1時間目

①導入

　生徒に自らの主食は何かを訊ね、多くの生徒の発言を促す。ここで多くの生徒が発言しやすい雰囲気を作りたい。生徒の意見を集約したのち、主食の定義を説明し、日本の伝統料理（酒、餅、おかき）や農村の風景、石高や租などの歴史的史料などをICT教材（画像や動画）や口頭等で示したうえで、米が日本における伝統的な主食であることを認識させる。

②展開

　（ⅰ）ICT教材や資料集を活用して世界の食生活と伝統的主食、伝統料理を生徒に認識させる。資料集を参考にして世界白地図に、各地域を伝統的主食ごとに着色する作業を行わせ、東アジアおよび東南アジア、南アジアは米が主な伝統的主食であることを認識させる。さらに資料集で世界の米の生産と貿易に関する統計を確認させ、米の生産がアジアの国々に集中していることや輸出量が小麦やトウモロコシに比べて少なく、自給作物としての特徴が強いことを理解させる。

　（ⅱ）生徒に米が主な伝統的主食とされている地域の雨温図（注1）を地図帳や資料集、データブックなどで複数の地域において調べさせる。図1に示したような複数の雨温図を比較し、稲作が可能となる気候条件について、雨温図および季節ごとの水田の様子などから考察させ、複数の生徒に発表させる。

③まとめ

　稲作は稲の生育期間中における高温多雨（注2）が必要であり、その条件が満たされている地域はモンスーンの影響を受けるアジア地域が中心となることを生徒に理解させる（注3）。この自然条件・地理的環境の影響から、これらの地域が米を伝統的主食としてきたことを理解させる。

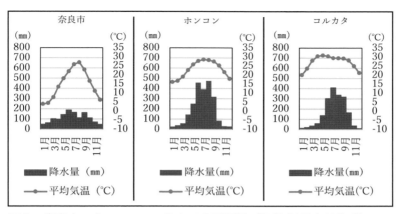

図1　奈良市・ホンコン・コルカタの雨温図（気象庁HPより作成）

（2）2時間目

①導入

　生徒に米以外でよく食べるものを訊ね、多くの生徒の発言を促す。

　1時間目と同様に、ここでも多くの生徒が発言しやすい雰囲気を作り、興味関心を惹起させたい。生徒の意見を集約したのち、生徒に図2「日本の食料自給率の推移」のグラフを読み取らせ、1960年代以降自給率が低下してきていることを認識させる。さらにその変化の要因について生徒に訊ね、思考を促す。

②展開

　(i) 生徒に図3の「日本の農水産物の輸入先」のグラフなどを読み取らせて、東南アジアやインド等から多くの農水産物を輸入していることを理解させる。

　(ii) 上記(i)の理解を基に、「日本の食料自給率が低いこと」「貿易の自由化が進められていること」「日本よりも貧しい地域（発展途上国）から多くの農水産物を輸入していること」「日本の農水産業の状況」などのテーマについて、2015（平成27）年に国連で採択された「持続可能な開発目標（SDGs）」として挙げられている「貧困」「経済成長と雇用」「不平等」「持続可能な消費と生産」などに留意して複数のグループに分かれて話し合わせ、発表させる。

③まとめ

　各班の発表を教員が講評した上で、SDGsにかかわる諸問題（注4）をいくつか紹介する。自らの普段の食事が日本のみならず世界の多くの地域と関わり合っていること、またそれは国際的な諸問題とも結びついていることを生徒に意識させ、まとめとする。

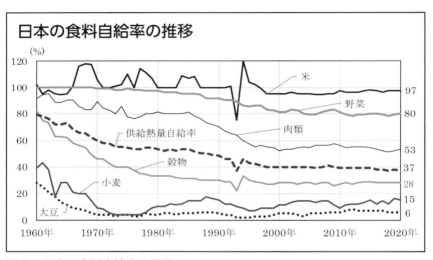

図2　日本の食料自給率の推移

農林水産省『令和元年度食料需給表』をもとに作成

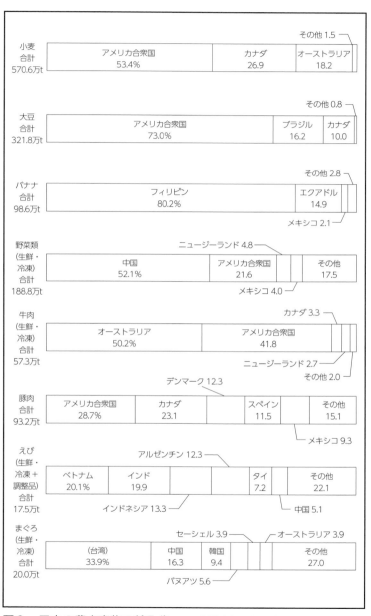

図3　日本の農水産物の輸入先　財務省貿易統計（輸入）ほか，2017年

I - 2

世界の食文化

4．指導上の留意点

　1時間目における指導上の留意点は、生徒に気候データ（雨温図）といういわゆる客観的数値からモンスーンアジアの気候の特徴を一般化させ、それと米文化をスムーズに結合させることである。生徒が普段何気なく目にする田園風景や米食という自国の文化が、モンスーンアジア特有の自然条件によって成立していることを生徒自身が合理的に理解に至るよう促したい。また導入では「食」という生徒にとって親しみやすい内容からはじめて、できるだけ生徒の興味関心を惹きつけたい。近年では「地理A」・「地理B」のセンター試験および共通テストにおいても、一つの産品（農産物や食材など）をテーマにした出題がされているため、生徒の学力レベルに応じて、それらの問題演習を学習の導入に利用することも考えられる。

　2時間目における留意点は、自らの食文化は地理的環境の変化によって変容してきていることを生徒に実感させ、それらが地球的課題とも密接に関連しているということを理解させることである。その理解を基に、生徒らがグループワークを通して、その解決策を多面的・多角的に考察し、表現できるよう促すことである。これについては生徒の学習到達度が低い場合、生徒の主体的な活動が想定していたとおり進まない可能性もあるので、教員からの支援が必要になるか、あるいは教員主導の指導への代替も検討する必要があるだろう。

5．おわりに

　令和4（2022）年度の設置が決まった「地理総合」における「国際理解と国際協力」の項目について、今次要領の解説は生徒が身に付けてほしい知識として、「世界の人々の特色ある生活文化を基に、人々の生活文化が地理的環境から影響を受けたり、影響を与えたりして多様性をもつことや、地理的環境の変化によって変容することなどについて理解すること。」「世界の人々の特色ある生活文化を基に、自他の文化を尊重し国際理解を図ることの重要性などについて理解すること。」を挙げている。

　私は「食文化」に関する学習は、この今次要領の内容をなぞったものであると考えている。伝来後2000年以上も連綿と続いてきた日本の稲作やそれに付随する米にかかわる食文化は、まず地球規模の地理的環境が前提にあり成立したものである（先人達のたゆまぬ努力とかの前に）。古代ギリシアの歴史家ヘロドトスが「エジプトはナイルの賜」といったが、「日本の米文化はモンスーンの賜」ということである。しかしその伝統的な食文化もまたグローバル化という大きな環境の変化に伴い変容してきている。他国から商品作物や水産物を輸入できるほど、日本は経済的に豊かになったわけだが、同じモンスーンアジアの東南アジアや南アジアが抱えている社会状況は、国連が提起する多くの地球的課題と密接不可分となっている。「食文化」というテーマを通じて、生徒が自らの生活からモンスーンアジアという比較的近い地域を概観する機会をこの授業で提供できればと考えている。

　私が勤務してきた学校で地理や世界史の指導をした経験を思い起こすと「外国のことなんて全く知らない」「全く興味がない」という生徒の方が多い印象がある。これだけインターネットを通じて瞬時に世界中とアクセスできる機器をほぼすべての生徒が所持する現在においてである。これは家庭環境や家庭での教育などの影響も多分にあろうが、まずは公教育を担う中学・高等学校の地歴公民の教員の大きな責任ではないだろうか。

　この指導案を勉強会で発表させていただいた際、「伝統的食文化を単純化し過ぎではないか」「東南アジアや南アジアの貧困を強調することで教条的になるのではないか」等の意見をいただいた。指摘された単純化や教条的な指導のリスクは教員が深く認識したうえで、まず生徒に、「外」に対する興味・関心を涵養する必要があるのではないか。それは今次要領が目指すところの国際理解や国際協力を多角的・多面的に考察することのできる生徒を育成する第一歩であると私は考えている。

その他

主な使用教材：『フォトグラフィア地理図説2019』（とうほう，2019）

『新詳高等地図』（帝国書院，2019）

参考文献：『バナナと日本人―フィリピン農園と食卓のあいだ』鶴見良行（岩波新書，1982）

『エビと日本人』村井吉敬（岩波新書，1988）

『肉食の思想―ヨーロッパ精神の再発見』鯖田豊之（中公新書，1966）

『データブック オブ・ザ・ワールド 2019：世界各国要覧と最新統計（2019 Vo.31）』（二宮書店，2018）

参考HP： 国土交通省－気象庁 Japan Meteorological Agency（jma.go.jp）

https://www.jma.go.jp/jma/index.html

注釈

１．国土交通省－気象庁「Japan Meteorological Agency（jma.go.jp）」参照。雨温図については生徒の学習到達度や授業時間数の制限、学校のICTインフラ環境に応じて、①教員が提示する、②生徒にフリーハンドでプリントに作成させる、③生徒にExcelなどのソフトで作成させる、などの選択肢が考えられる。

２．厳密には17〜18℃の気温と1000mm以上の降水量という数値であることを教員が伝える。

３．学力到達度に応じて、日本の北海道や東北地方、北陸地方、アメリカ合衆国のカリフォルニア州などの例外地域についての解説を付け加える。

４．ここでは経済成長、人や国の不平等、食糧問題、環境問題（熱帯林の減少や地球温暖化）などが適切と考えられる。

3. 「主題」と「問い」を活用した主体的な学び
～ヨーロッパ統合を例に～

奈良市立一条高等学校　出羽一貴

1. はじめに

学習指導要領の改訂に伴い、令和4（2022）年4月から「地理A」は「地理総合」へと科目名が変わり、教科書等の構成も大きく変化することが予想される（図1・図2）。特に、必修科目となる「地理総合」、「歴史総合」、「公共」に関しては、現代社会の諸課題の解決を視野に入れた考察を「空間」・「時間」・「現代社会の構造等」に着目しながら生徒たちの進路等を見据えて、生徒の興味・関心を引き出す授業を構成することが期待されている。

特に、「主体的・対話的で深い学び」ということに関しては、それぞれの教科、科目での実践が期待されている。今回提案する「主題」と「問い」を用いた授業方法は、この「主体的・対話的で深い学び」を実現するための一手法である。これは、地理学習において、日常的に取り組める手法と考えている。

年に数回の特別な授業ではなく、日常の授業をどれだけ魅力的で、本質に迫ったものにできるかが重要である。

2. 学習指導要領の改訂　～地理Aから地理総合へ～

「学習指導要領解説P.8 地理歴史科の改訂の基本的な考え方」（平成30年度告示）において、地理教育の教育的・社会的意義について、「知識及び技能」を、「子供たちの未来に、生きて働くものとして確実な習得を図ることが必要である」としている。ここでは、「生きて働く」と表現し、汎用性のある「知識及び技能」の習得に言及している。また、具体的に「地理総合」で、どのように地理を学ぶのかということに関しては、学習指導要領に具体的に記してある。まず、学習指導要領改訂の目的（図3）として、「社会に開かれた教育課程の

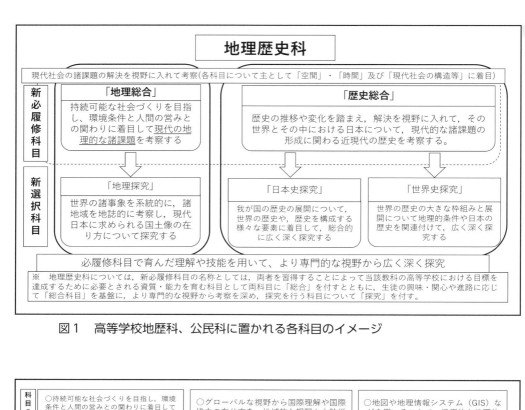

図1　高等学校地歴科、公民科に置かれる各科目のイメージ

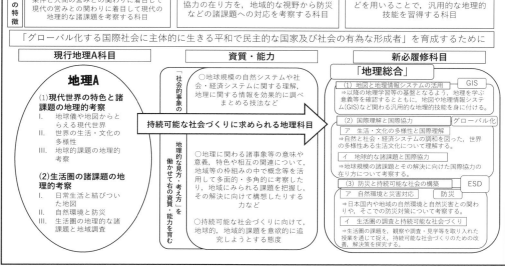

図2　地理Aから地理総合への詳細な説明図

実現」を目指している。そのための方向性として、「①何ができるようになるか、②何を学ぶか、③どのように学ぶか」という３つの視点が示されている。特に、③においては、これまで学んだ知識・技能を将来活用可能な形の学びとして再構築できるようにすることが求められている。そのためには、学習者の思考が動き出す仕組みづくりが必要である。

また、育成すべき資質・能力の三つの柱に関して（図４）は、①学びに向かう力・人間性等、②何を理解しているか・何ができるか、③理解していること・できることをどう使うかということが示されている。

①に関しては、どのように社会・世界と関わり、よりよい人生を送るかという、学習者ベースに立った考察が必要となる。②の、知識・技能に関しては、地理教育の知識・技能の部分的な変更というよりは、従来の知識・技能の組み替えを行う必要が出てくる。③は、思考力・判断力・表現力等、知識・技能の活用と獲得方法を考察する必要がある。特に、受け身の学習では得られない、「問いを立てる力」が重視される。このように、学習者ベースに立った学びの場と、知識・技能の積極的活用を促す授業の構築が必要となる。

何ができるようになるか	何を学ぶか	どのように学ぶか
・学びに向かう姿勢 ・生きていく知識・技能 ・思考力・判断力・表現力	・学習内容の削減は行わない ・目標や内容を構造的に示す	・主体的・対話的で深い学び ・アクティブラーニングなど学習過程の改善

図３　社会に開かれた教育課程の実現について

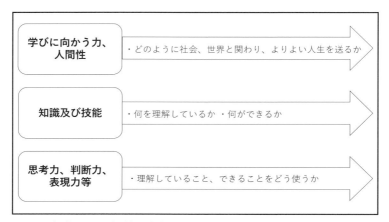

図4　育成すべき資質・能力の三つの柱について

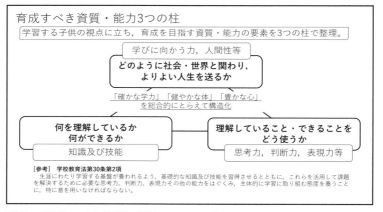

図5　育成すべき資質・能力の三つの柱
（「新学習指導要領の全面実施と学習評価の改善について」（文部科学省 2020）より）

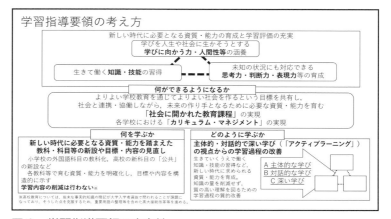

図6　学習指導要領の方向性
（「新学習指導要領の全面実施と学習評価の改善について」（文部科学省 2020）より）

これまで「地理A」では、現代世界の特色と諸課題の地理的考察や生活圏の諸課題の地理的考察が柱に据えられ、グローバルな視点から世界を捉えることと、身の回りの自然環境や防災などを含めた地域学習とを結びつけながら構成されてきた。今回の改訂において「地理総合」では、大きな視点としては、①地理情報システムの活用【GIS】、②国際理解と国際協力【グローバル化】、③防災と持続可能な社会の構築【ESD、防災】といった柱が構築される（図2）。

本稿では、特に②や③の部分での「主題」や「問い」を用いた授業の構築を中心とする。②の部分に関しては、分野としては、これまでの地理教育で取り扱ってきた地誌や系統地理の分野である。この分野において、学習内容に大きな変化があるとは考えにくい。それは、共通テストの内容からも判断できる。しかし、これまで述べてきたように、学び方には大きな変化が求められる。

3.「主題」と「問い」

「主題」や「問い」を用いた授業を構築するために、まずは主題や問いを「地理総合」でどのように定義するかが重要である。

3-1.「主題」とは

私自身が「主題」を捉えるうえで、これからの地理教育における指針が示された学習指導要領の一部を引用する。

『社会の情報化、グローバル化に伴い、日々膨大な数の事象が生まれては消えていく中で、それらの名称や仕組みを単に覚えるのではなく、選び出した真に必要な事象を基に、位置や空間的な広がりに着目して、その事象がそこにある意味や意義を見いだし、追究するような学習活動を重ねることは、「社会的事象の地理的な見方・考え方」を働かせ、鍛えることに他ならない。（学習指導要領解説P.17）』

これを前提として、ここで取り扱う「主題」や「問い」の定義を明確にしていく。「主題」とは、それぞれの単元における各テーマを貫く「知識及び技能」、

もしくは、観点を指す。単元を通して単元を構成するどのテーマに対しても対応可能な汎用性のあるものでなければならない（図5）。生徒が認識することはもちろんであるが、教員が単元全体を俯瞰し、「主題」を設定する必要がある。この設定が、後の「問い」にも大きく影響してくるので慎重な選定が必要である。

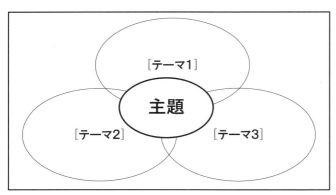

図7　主題の設定

3-2.「問い」とは

　次に「問い」である。「問い」とは、生徒自身のこれまでの経験（実体験や既存の知識など）を引き出すものでなくてはならない。自分自身の経験を引き出し、設定された「問い」と対話をすることで、思考を深めていく。「主題の本質へ向かう問い」を構成する必要がある。このような「問い」の構成によって、授業自体が学習の本質へ向かうのである。またある意味では、生徒が持っている既存の知識や概念を「問い」によって切り崩し、地理的なモノの見方を提示する。これにより、不安定となった既存の知識や概念の定義に地理学的視点が染み込んでいく。

　「問い」を重ねることで、生徒自身が経験としてこれまで持っていた「知識及び技能」を揺さぶることが可能になる。その不安定な状態に陥ることは、決

してマイナスではなく、新たな理論や観点を探していることと同義と考えられる。この状態の生徒に「知識及び技能」を教授することによって、新たな理論や観点に地理学的思考が染み込む余地が生まれる。この状態を作ることが大切である。

　ではどのような「問い」が必要になるのであろう？

「問い」の構築

　①オープンエンドな問い

　　⇒生徒の経験をもとに、自分の意見を表明しやすい。

　②常識的な問い

　　⇒当然の答えを引き出すのではなく、その逆を設定する。いわゆる、意外性が答えとなる問いを設定することで、既存の知識や理論を不安定な状態に導くことができる。

　③１つのベクトルを持った問い

　　⇒問いを重ねていくが、常に教員側は一貫したベクトルを意識する必要がある。このベクトルが学びの核になる。

4．「主題」と「問い」の活用

　実際に「ヨーロッパの統合」という単元で、「主題」と「問い」を活用した授業の流れを示す。

4－1．ヨーロッパ統合を例に

　ヨーロッパ統合の「地理Ａ」における位置づけは、多くの教科書で、ヨーロッパの生活や文化という単元における地誌学習の一部として学ぶ。自然環境や地域文化を学んだあとに、それらの知識を活用する形で、ヨーロッパ統合へと深めていく。また、ヨーロッパ統合というテーマは、主にヨーロッパ連合（EU）の歩みやそれに伴う政治・経済統合、移動の自由などの小テーマに分かれていく（図8）。

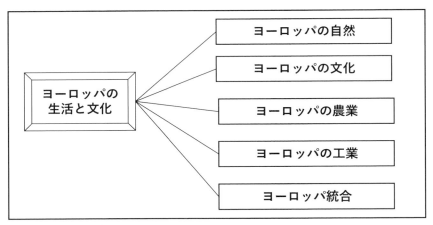

図8　ヨーロッパの学習テーマ

4−2.「主題」と「問い」の設定

　「主題」の設定に関しては、3−1で述べたように、各テーマに共通する要素を抽出する。図7「主題の設定」を例に、以下のような図を設定した。ここでは、ヨーロッパの統合というテーマに関して、各小テーマとして①統合の歴史、②政治的つながり、③経済圏の拡大を設定した。これは従来の「地理A」の教科書において多く用いられている小テーマである。これらの小テーマにおいて、これまでの学習活動で行われていた「知識及び技能」を抽出する。

① **統合の歴史**
　▽　文化・宗教的背景
　　　⇒　キリスト教文化圏の基本学習
　▽　統合の流れ
　　　⇒　ECSC（ヨーロッパ石炭鉄鋼共同体)
　　　　　EEC（ヨーロッパ経済共同体)
　　　　　EURATOM（ヨーロッパ原子力共同体)
　▽　各国の加盟年とその背景
② **政治的つながり**
　▽　EU憲章
　▽　シェンゲン協定・エラスムス計画
　▽　平和への願い
③ **経済圏の拡大**
　▽　ユーロ導入：参加・不参加
　▽　人・モノ・金の自由な移動
　▽　共通農業政策

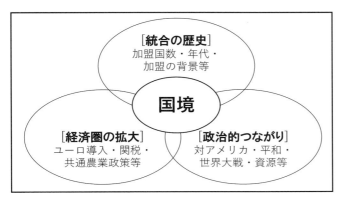

図9　主題を導くための模式図

　3つの小テーマを俯瞰し、抽象度をあげると、「国家の枠組み」という要素が見えてくる。EUの発達自体が、国家の枠組みを超える試みであるため、この国家の枠組みをより具体化する必要がある。そこで、「国境」という主題が生まれる（図9）。［統合の歴史］においては、ECSCやEEC、EURATOMなど国境を越えた資源やエネルギーの平和的利用がその根幹にあった。これは、［政治的つながり］にも関わるところであるが、ヨーロッパは2度の世界大戦を通して、平和の尊さを学び、そのために歩みだした。その歩みの過程こそがヨーロッパの統合の物語を紡いできた。この意味を考えると、一側面ではあるが、国境を越えたつながりという主題が浮かびあがってくる。

　［政治的なつながり］に関しては、先に述べた理念をもとに、どのような政治的制度の制定を具体的に行ってきたかがポイントとなる。これに関しては、政治により国家の枠組みや、言語や宗教などの文化的側面も乗り越えようとする動きがみられる。［経済圏の拡大］に関しては、ユーロ導入という新たな枠組みを作ることで、それぞれの国家が持っている通貨制度を乗り越え、経済を活性化することを目的としている。人・モノ・金の動きが活発化することで、特にEU域内の経済が活発化し、加盟国の経済成長につながる。これは、国境の行き来が自由になることで、実現したものである。

以上のことから、それぞれの小テーマに「国境」という主題を設定することができる。

　次に「問い」の設定である。まず私は、この単元において、次のような「問い」を設定した。

「国境とはどのような意味を持つのだろう？」

この問いを３－２であげた、「問いの構築」に照らし合わせてみる。

①オープンエンドな問い

　⇒答えを求めている問いではない。この問いは、これから授業を広げるための位置づけである。また、単に広げるのではなく、生徒たちの視点を国境に向けるためのものである。日本で国境を考えながら生活することはあまりない。しかし、この主題に生徒の意識を持っていくときに、自分自身が国境をどう捉えているかが大切である。問いによって自分との対話をしてもらうことが目的である。この対話により、教材が自分の身近なものとなる。身近とは、決して近くで起こった出来事ではなく、思考を動かしどのようなことを考えるかである。その回数が多く深いほど、生徒にとっては身近な話題となる。

②常識的な問い

　⇒一見答えが見える問いでもある。インターネットで検索するととても興味深い結果が出る。時期によって変化するが、「国境」というキーワードで画像検索をすると多くの検索エンジンでは、壁の写真が出てくる（2020年9月）。しかし、世界においては、自然的国境の割合の方が圧倒的に高い。イメージするものが真とは限らない。この認識の違いは、世界を捉えるうえで大切な視点である。

③１つのベクトルを持った問い

　⇒国家の枠組みを越えていく過程を学ぶための問いである。その過程で様々な解答が地理学習に結びつけられると考えて設定した。この③の内容に関しては、実際に生徒に行ったアンケートも含めて考察する。

4－3.「問い」の実践

　高校生に実際に4－2で設定した「国境とはどのような意味を持つのだろう？」という問いを投げかけた。以下は、そのアンケートから抜粋したものである。

【生徒の反応】（一部抜粋）

「国境とはどのような意味を持つのだろう？」

　　ⅰ）　壁
　　ⅱ）　国の安全を保障するもの
　　ⅲ）　文化を分けるもの
　　ⅳ）　戦争を生むもの
　　ⅴ）　国同士の秩序を守るための壁
　　ⅵ）　抗争などを抑制しつつ、１つの団体として共生していくための手助けをするもの
　　ⅶ）　自分とは違う価値観を持っている人々が住んでいる場所を区切るもの
　　ⅷ）　物理的にも心理的にも、人と人の間に区切りを設けるもの

　実際にこの問いを投げかける以前は、先に述べたように、問いを俯瞰している気でいたが、生徒たちの答え、もしくは自分との対話によって生まれた表現は正直こちらの想像を超えていた。もちろんこの解答は一部である。なお、この生徒たちはこれまで「問い」によって構成された授業を繰り返し受けているため、問いと自分との対話をすることに慣れた生徒であることを付け加えておく。

　この答えをもとにその後の授業を設計する。例えばⅰ）であれば、先に述べたように、自然的国境の知識に結びつけることができる。ヨーロッパであれば、フランスとスペインの国境であるピレネー山脈や、フランス、イタリア、スイス、オーストリアの国境であるアルプス山脈、ドイツとオーストリアなどの国境となるドナウ川など、地誌的な話題は多くある。次にⅲ）、ⅵ）、ⅶ）であれば、ヨーロッパの民族、宗教分布の学習につなげることができる。北部のゲルマン系であるプロテスタント、南部のラテン系のカトリック、東部のスラブ系の正教という基本的構図や例外、そして地域的な特徴、文化的背景などである。ⅱ）、ⅳ）、ⅴ）、ⅷ）では、統合の根幹である平和的な側面である。石炭や鉄鉱という資源の平和的利用を目指した統合へと動き出したヨーロッパの

歩みを捉えることができる。

　以上のように、「主題」と「問い」を活用した学びは、学習者ベースで授業を構築することができる。一方的に知識や技能を教授するのではなく、生徒たちが問いと向き合った言葉から授業が始まっていく。これは、学習者ベースであり、何よりも生徒の思考が動いている。この思考が動くこと自体が、「生きて働くもの」としての知識や技能の獲得の前提である。

５．知識のゲートキーパーから学びのデザインへ

　「主題」や「問い」を立てることが目的ではない。「主題」や「問い」はあくまでも手段である。目的は、地理学的な視点を持ちながら、常に世の中に問い続ける姿勢である。問い続ける姿勢は、日常の中にある。日常の授業の中で、常に問いや知識と向き合い対話する癖をつけることで、自然と姿勢は育つのではないだろうか。我々地理の教員は、地図や資料を見て想像を膨らまし、フィールドワーク（現地調査）を通して、地形や人々の生活を実感する。「主題」や「問い」によって生徒たち自身の経験を引き出し、一方で既存の知識を揺さぶりながら、実際に学んだ知識や技能をもとに、再び思考を動かす。これにより、新たな知識や技能との対話が生まれる。このような生きて働く知識や技能を手に入れた生徒たちが、これからの社会を築いていくことを期待したい。今回の学習指導要領の改訂に伴う「地理総合」への科目変更は、知識や技能の到達度をはかる教育から、「主題」や「問い」を活用した学習者ベースの学びへと変化させるための良い機会である。

４．人種・民族の交流
～ラテンアメリカを通して～
東大寺学園高等学校　松本泰佑

１．位置づけと目標

Ｂ．国際理解と国際協力

⑴生活文化の多様性と国際理解

　「その生活文化が見られる場所の特徴や自然及び社会的条件との関わりなどに着目して、主題を設定し、多様性や変容の要因などを多面的・多角的に考察し、表現すること」（学習指導要領P.49）

Ｂ．地球的課題と国際協力

⑵地球的課題と国際協力

　「地域の結び付きや持続可能な社会づくりなどに着目して、主題を設定し、現状や要因、解決の方向性などを多面的・多角的に考察し、表現すること」（学習指導要領P.49）

　「内容の取扱いにあたり、ここで取り上げる地球的課題については、国際連合における持続可能な開発のための取り組みなどを参考に……」（学習指導要領P.51）

　授業のテーマ設定にあたって、地理総合の学習指導要領の目標におけるB⑴を踏まえ、人種・民族の混血が進んだことやその分布を歴史的・地理的にラテンアメリカ、特にブラジルを通して知ること、また、B⑵を踏まえ、多文化共生の在り方について、特に日本社会における日系ブラジル人の存在に目を向け、日本の多文化共生の在り方に関心をもつことを授業の柱とする。なおこれは、SDGsの目標10「人や国の不平等をなくそう」とも関連している。

※SDGs目標10　「人や国の不平等をなくそう」
　……国籍などによる不平等をなくし多様な人が活躍できる社会をつくることが求められる。
（「高等学校社会科指導要領、地理歴史科構造表」　山川出版社・二宮書店より）

また、主題の設定にあたって、現在、主に言語系統や文化を基に分類を基にする「民族」が重要視され、身体的特徴を基に分類する「人種」を考えることは、混血等による曖昧性や人種間の差別と結びつくこともあり、避けられる傾向が強い。一方、アメリカ合衆国や南アフリカ共和国の学習では、人種差別という課題もクローズアップされる。ラテンアメリカにおいても、大航海時代以降、開発が進み、産業の発展とともに、黒人奴隷やその後の移民の受け入れがみられ、階級や差別と結びつく時代もあったが、それを乗り越えてきた。また、そのなかにとりこまれる日系移民の存在は大きく扱われることが少ないようにも思われる。そこで、この授業では、現在の日本に日系ブラジル人が多く暮らすことに気づかせ、そのことから多文化共生における生徒自らの姿勢を考えさせたい。

２．授業展開の例

①導入

●人種の勉強をする際の留意点を伝える。参考として、ユネスコ「人種と人種差の本質に関する声明」（1951）を挙げる。

> 「…人類学における人種の概念は、研究のための便宜的な分類であって、人種という言葉は、遺伝的身体形質において他と区分される人間集団のみに適用されなければならない。」
>
> 「…人種の優劣には根拠がない。人種間の差異は同一種内の個人差よりも大きくはない。集団に共通な心理的属性は歴史的・社会的背景によって形成されるものであって、人種とは直接関係がない。遺伝的差異が文化的差異の主要因であるという考えは証明されていない。いわゆる純粋な人種が存在するという証拠はない。人種混交が生物学的に不利な結果をもたらすという証拠もない。」
>
> 出典：「フォトグラフィア地理図説2019」（とうほう，2019）

●ブラジルにおける人種の多様性を写真・資料を使って知る。

　…例えば、ブラジルといえば「サッカー」を連想する生徒は多いであろう。

ワールドカップのブラジル代表の写真には、多様な人種の選手たちが写っている。それを見て、「ブラジルは人種でいうと？」と問うてみることができる。また、Ｆ１選手のアイルトン・セナ（1960〜94）やサッカー選手のペレ（1940〜）の写真を示して、彼らもブラジル国籍をもつことを説明する。そもそもサッカーは1894年にイギリス系ブラジル人により伝えられたもので、当初はブラジルの上流階級が独占するスポーツであった。

②展開１

●教科書・地図帳・資料集等の人種分布図を用いて、ブラジルの人種構成に注目させ、単純に１つではなく複雑になっていること、混血がみられることに気付かせる。

●ブラジルの歴史を紹介し、ネグロイド・コーカソイド・モンゴロイドなどの人種が交流することを確認する。

　…先住民（モンゴロイド）が居住し、1500年ポルトガル人カブラルがブラジルに到着（コーカソイド）、そして、1500年〜1560年ごろは染料としてブラジルボク、1570年〜1700年ごろは砂糖、1700年〜1775年ごろは金、1830年〜1930年ころはコーヒー豆の採取・栽培を目的に、これらの開発のために黒人奴隷

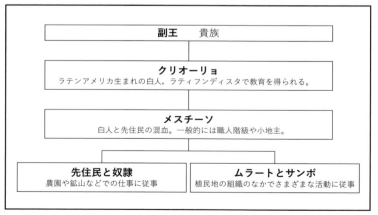

図１　18世紀後半におけるブラジルの人種間の序列と働き方

（ネグロイド）が連れてこられた。

●人種間の序列と働き方（図1）を混血の名称（メスチーソ・ムラート・サンボ）とともに確認する。

●『奴隷主の夕食風景』の絵（図2）を見て、意見を出し合う。

　…当時の役割（白人の奴隷主、黒人奴隷は乳母、料理人、奴隷の子）を確認し、一方で同じ場所にいるという近接性に注目する。この接近により人種間の交流が生み出され、混血が進む背景のひとつとなったことを説明する。

図2　奴隷主の夕食風景（Debret 1839）

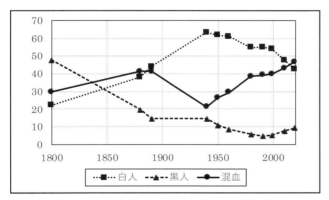

図3　人種構成の推移
(Almanaque Abril、ブラジル地理統計院資料により作成)

●奴隷の廃止とその後の入植について、グラフから考える。

　…1850年に奴隷貿易禁止、1888年に奴隷制度が廃止されると、あらたな労働力の必要性が生じた。その結果、ヨーロッパからの移民が多数流入し、20世紀前半にかけて白人割合が増加した（図3）。この際には人種主義の影響を受けた知識層は、混血などによる自国のアフリカ的要素を排除したいという思いもあった。また、図4からこの時期の移民数上位国に日本があることに気づかせる。

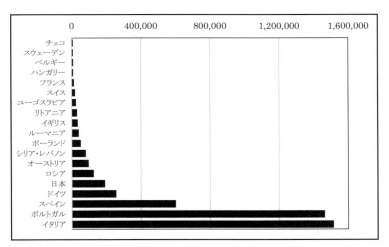

図4　ブラジルにおける国別入移民数（1819 〜 1947年)
(Carneiro（1950）により作成)

③展開2

●1908年以降の日系移民の数の変化について、図5から考える。

　…サンパウロ州は、イタリア・ポルトガル・スペインなどからの契約農業労働者により労働力を補ってきたが、1897年のコーヒー価格暴落により、イタリア移民が激減した。サンパウロ州は補助金を支給して日本移民を迎え入れようとする。日本内務省も日本国内の人口問題・失業問題の解決策として、移民奨励・奨励金交付を行った。サンパウロ州は、日系移民の受け入れを奨励し補助

金を出していたが、日系移民には独立農になる者が多く、また招致の渡航費用が多くかかることで補助金を出さなくなった。1934年の新憲法制定以降、日本移民が同化しにくいことや、脱アフリカ・脱アジアの方針、満州化を恐れるなどから日系移民は制限されていく。また、第二次世界大戦下では、排日気運も高まっていく。戦局により移民中断、戦後ブラジルへの移民が再開されたが、ブラジル経済の浮沈・日本国内の発展により減少した。

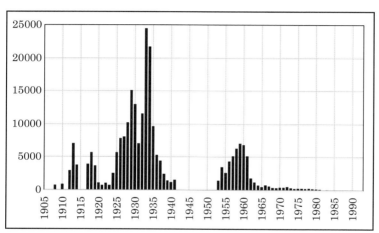

図5　ブラジル入国日本人移住者数
(外務省領事移住部編（1971）『わが国民の海外発展－移住百年のあゆみ（資料編）』、国際協力事業団（1994）『海外移住統計（昭和27年度～平成5年度)』により作成）

●日系移民、その子孫の生活を知る。

・日系入植当初は、契約農民として貧しい小屋で生活していたことを知る（天理参考館にも展示がある）。

・入植当初は日本人集住地の「邦人小学校」で日本語による教育がなされていた。国家主義を強めるブラジルにより「公認小学校」（ブラジルの教育令にもとづくカリキュラム）を設立した。1938年からは農村部で14歳以下への国語（日本語）教育を禁止し、ポルトガル語の小中学校教育を義務化した。それにともない日本学校が閉鎖された。

・ブラジルには、相当数の日系移民の子孫がいる。そして、ブラジルの日系社会のなかでは、非日系人との婚姻増加で、混血化が進む。そのなかで、日本語の使用は減り、ポルトガル語の使用が増える。

・日系ブラジル人の中に、親族訪問の形で来日し、就労する人々がいた。1964年ごろからこの動きはあったが、いずれも日本語堪能な者も多く、問題視されてこなかった。日本では1980年代後半は南アジア・中東諸国の不法滞在者の増加で「外国人労働者」受け入れの議論が加速され、1990年「出入国管理及び難民認定法」改正で、日系ブラジル人とその家族には、活動制限のない在留資格（単純労働も可）が与えられた。

●「横浜宣言」の資料を読んで、日系ブラジル人（の代表者ではあるが）の現状と思いを考えてみる。

「横浜宣言」は以下のようなものである。

『横浜宣言』－我々はもはやデカセギではない－
　改定入管法施行25年を機に2015年10月3日に公表された在東京ブラジル領事館市民代表者会議による『横浜宣言』では、在日ブラジル人第一世代により「もはやわれわれはデカセギではなく日本の市民である」との表明がなされた。以下、その全訳文。

　デカセギの時代は終わった。我々は日本に居ることを選んだ。本年6月、1990年の改定入管法の施行から25年が過ぎた。周知の通り、この法は日系人（日本人の子孫）がいかなる活動にも制限なく従事できる査証をもって日本に入国することを許可した。これらの活動には親戚訪問も含まれており、滞日の費用を賄うための非熟練労働に一時的に従事することもできる。
　自動車や家電製品の製造などを担う労働力として海外日系人を引きつけるために、この法改正を利用する意図が日本政府にあったかどうかは議論の分かれるところであるが、南米出身者、特にブラジル人の日本への移動の波を引き起こしたことに疑いの余地はない。
　すでに知られている通り、デカセギという言葉は文字通り「稼ぐために出かける」ことを意味しており、国内、あるいは国を越えた場合においても、一時的あるいは季節的な労働者を指すために使われている。そのうえこの言葉は、その個人や集団が貧困や雇用先との約束の欠如というイメージと結びついた、ネガティブな意味合いを帯びている。国を越えた移民の場合は、出身国との関係においてのことである。
　これはブラジル－日本間の移民の場合には、断固として当てはまらない。
　今日、在日ブラジル人10人のうち6人は永住ビザをもっている。彼らの多くは日本で家を購入している。被雇用者から雇用者になるブラジル人も出てきており、多くの人が熟練労働者（資格が必要とされる）となっている。ブラジル人の経営による会社、商店、サービス業、学

校、NGO、マスメディアも日本各地に展開している。

　2008年の経済危機で多くのブラジル人が解雇されたことにより、日本のブラジル人コミュニティは解体されてもおかしくなかった。しかし、そうはならなかった。ブラジル人の大多数は滞日を選んだ。2011年の東北地方における地震、津波、原発事故のパニックもブラジル人を大量に帰国させるにあまりある出来事であった。またしても、ブラジル人の多くは留まることを決めた。日本に居ることを。この社会で活動する一員になることを。この国の発展に貢献することを。これが法務省によって登録されたブラジル人口175,410名（2014年12月の統計による）が自覚した決意であった。この数には、日本国籍を有することによって統計に表れない人びとは含まれていない。

　日本に留まったブラジル人は働き、消費し、納税することによってのみ貢献するのではない。彼らは「がんばろう　日本！」運動に参加したいのである。それは、2011年3月の大災害に直面した際、ブラジル人は決して傍観しなかったことで明らかになっている。

　彼らは東北支援のためのボランティア活動に結束して出かけていった。人びとを団結させたのは「我々は留まることを選んだ。この社会の一員なのである」という気持ちである。ゆえに我々在日ブラジル人は入管法改定25年を機に、デカセギ時代の終わりを宣言したい。そして、新しい時代の始まりを公式に宣言する。実際にはすでに実践に移していたことである。つまり、「日本在住ブラジル人」の時代である。それは、出身国であるブラジルとの文化的な絆や愛着を失うことなく、日本社会の一員として権利と義務を自覚する市民であることを意味する。

　この我々の宣言は同時に、一般の人びとに、そして特に関係する高官に向け、このパネルディスカッションにおいて生起された多くの課題の解決に向けた協力を要請するものである。決して強調し過ぎることはない。「我々は留まることを選んだ！」

　　　2015年10月3日、横浜にて　　　　　　　　　　　　　　　　　東京　市民代表者会議
　　　　　　　　　出典：『ブラジルの人と社会』上智大学出版（株）ぎょうせい　2017

以下のような点に気づかせるのがねらいである。

・不安定な雇用形態、労働基準法や労働安全衛生法違反の発覚をおそれた雇用
　者が労災を申請しない

・健康保険未加入による問題・日本語未習得によるゴミ出しや公営住宅のルー
　ルの理解が難しい

・外国人の保護者に日本の教育を受けさせる就学義務がない（頻繁な転勤や帰
　国か永住かの展望がない）

・外国籍住民にのみ日本社会への同化を求めるのではなく、日本社会（日本人
　一人ひとり）の意識変革が必要

5．自然地理と防災教育
奈良女子大学附属中等教育学校　落葉典雄

1．はじめに　～「命を守る行動」～

　大災害が予想される時、テレビなどでは「命を守る行動をしてください」と連呼するが、それはどのような行動なのか、われわれがどこかで「命を守る行動」について学ぶ場はあるのだろうか？

　東北地方太平洋沖地震（東日本大震災）が発生した時、全国の学校では様々な対応があり、残念ながら逃げ遅れや間違った避難行動によって失われた命も少なからずあった。一方で、若い教員や生徒の声を真摯に聞き、優れた判断や行動をして救われた命も多くあった。若い命を預かる学校においては特に、東日本大震災の記憶を薄れさせることなく、災害時にすべての教職員や児童生徒が正しく判断し行動できるように準備しておかねばならない。そのなかで、高校において防災を1つの柱とする「地理総合」が必修化されることには大きな意味がある。

　地理教育において生きた防災教育を行うためには、2つのことに注意しなければならない。1つ目は、内容を自然地理学的知見に基づくものにすること。2つ目は、避難行動まで含んだカリキュラム策定をすることである。

　ここでは、以上の2点に留意しつつ、「地理総合」における防災の項目の授業について提案をしてみたい。

2．「地理総合」における自然地理の扱いについて

　まずは「地理総合」における自然地理の扱いについて考える。自然地理的内容は地理の基本である。どのような地形や気候の地域に、どのような生活が成立しているのかが、地理学習の基本であることは論をまたない。「地理」が文理融合の科目であることの所以である。しかし、新しい学習指導要領によると

「地理総合」の内容は右記の通りABCの3本柱であり、自然地理的内容を扱う項目は存在しない（資料1）。また、内容の取扱いの解説にも特段のことは記されていない。そのため、必修科目になったものの、地理教育にとって不可欠な自然地理的内容が、教科書にまとまって記載されないのではないかと、多くの地理教育関係者が心配した。令和3（2021）年度に5社から出版された「地理総合」の教科書を見ると、そのほとんどにおいて、現行の「地理B」と比べても遜色がない分量の「地形」「気候」に関する記述があり、その心配は杞憂であった。資料2は、その一例である。

地理の基礎となる自然地理的分野の中でも、地形や気候の学習は、できれば早い時期に扱った方がよいであろうから、教科書において「生活文化の多様性と国際理解」の部分に入っていることが望ましいのかもしれない。しかし、地理が専門でない教員がいかに「地理総合」を教えるかというこ

資料1　新学習指導要領「地理総合」

A 地図や地理情報システムで捉える現代世界
B 国際理解と国際協力
　(1)　生活文化の多様性と国際理解
　(2)　地球的課題と国際協力
C 持続可能な地域づくりと私たち
　(1)　自然環境と防災
　(2)　生活圏の調査と地域の展望

※下線は筆者による

資料2　教科書「新地理総合」(帝国書院)目次（抜粋）

第2部　国際理解と国際協力
第1章　生活文化の多様性と国際理解
　1節　世界の地形と人々の生活
　　1　大地形と人々の生活
　　2　変動帯と人々の生活
　　3　安定地域と人々の生活
　　4　河川が作る地形と人々の生活
　　5　海岸の地形と人々の生活
　　6　氷河地形・乾燥地系・カルスト地形と人々の生活
　2節　世界の気候と人々の生活
　　1　気温・降水と人々の生活
　　2　大気大循環と人々の生活
　　3　世界の植生と気候区分
　　4　熱帯の生活
　　5　乾燥帯の生活
　　6　温帯の生活
　　7　亜寒帯・寒帯の生活
第3部　持続可能な地域づくりと私たち
第1章　自然環境と防災
　1節　日本の自然環境
　　1　日本の地形
　　2　日本の気候

とが今回の大きな課題であることからすると、災害の歴史などと絡めて地形や気候を教えることができる「自然環境と防災」の項目において、自然地理的内容を教えるのも一つの選択肢と考えられないだろうか。

　「地理総合」の柱の一つで、社会的要請の強い防災教育において、地理的な見方・考え方を生かすことは極めて重要と考えられる。そのような視点から、本稿では、「自然環境と防災」で扱う場合の基本的な計画を作成してみた。

3．「防災」をテーマにした実際の授業計画案と学習指導案

〈授業計画のねらい〉

(1)自然地理の、特に地形と災害の関係について科学的に理解させる。

(2)災害別の具体的な「避難行動」を学習させる。

(3)災害の歴史を学ぶことにより防災・減災を実現する視点を持たせる。

〈学習指導計画案〉

1　単元のねらい

　○単元のねらい

　○災害の歴史を学習することで、今後の災害に対応する力を身につける。

　　・地形などの自然環境によって、災害の性質や状況がどのように異なるかを理解させる。

　　・身近な地域を災害という視点で見ることで、実際の防災・減災に役立つ行動につなげる。

　○「主体的・対話的で深い学び」を実現するための工夫

　　・災害について多様な視点からの知識を身につけるとともに、避難行動において、何を判断の材料にしたらよいかを考えることで、より深い学びをすることができる。

　　・コミュニケーションが、「命を守る行動」にとって極めて大切であることを認識させる学習活動を入れる。

　　・協力して避難所を運営していくシミュレーションの体験をすることで対

話的な学びを実現する。

・学校周辺を防災の視点で調査して話し合い、その経験を生かして、居住地域の防災を担う一員としての真の意味での主体的な学びとする。

2　授業計画

○単元：防災と地域調査

　１．自然環境と防災

　　⑴　世界の大地形と自然災害

　　⑵　山地の地形と自然災害

　　⑶　平野の地形と自然災害

　　⑷　海岸の地形と自然災害

　　⑸　気候変動と自然災害

　２．多様な災害と避難行動

　　⑴　災害と避難行動 ①地震

　　⑵　災害と避難行動 ②津波

　　⑶　災害と避難行動 ③火山噴火

　　⑷　災害と避難行動 ④大雨・洪水・土砂崩れ　など

　　⑸　災害と避難行動 ⑤火事・原発事故　など

　　⑹　災害と避難行動 ⑥避難所シミュレーション体験

　３．生活圏の調査と地域の展望

　　⑴　ハザードマップと学校周辺調査

　　⑵　自宅周辺調査と避難行動

ここでは、「災害と避難行動 ②津波」の具体的な指導案を提示する。

表1 指導案

展開	生徒の学習内容・活動	指導上の留意点
導入 （5分）	○三陸のリアス海岸の魅力について紹介した後、過去に三陸を襲った津波を歴史的に学んだ例を学習する。	・最初は三陸地方がいかに魅力ある地域であるかを強調する。
展開① （10分）	○東日本大震災に学ぶ。 ・東日本大震災時の津波の映像を視聴し、津波の破壊力の大きさについて実感する。 ・今回の避難行動と結果について具体例を学ぶ。 　釜石市鵜住居、南三陸町戸倉など ・過去の三陸での津波の歴史と地域によって異なる対策について学習する。 ・「津波てんでんこ」の意味について学習する。	・活断層型（直下型）地震とプレート境界型（海溝型）地震の仕組みについては、(1)世界の大地形と自然災害で教えておく。 ・衝撃的な映像であるので、それによって心理的ダメージを受ける生徒のケアをする。 ・科学的なデータに基づく説明を行う。
展開② （15分）	○国土地理院発行の紙の2万5千分の1地形図を配布し、等高線を読みながら津波浸水した場所を着色する。 ○当時のハザードマップと比較する。 ○導入で紹介された地点などを地図に記入する。	・海岸線だけでなく、河川沿いに津波被害があった大川小学校の例を紹介し、地形や標高と津波浸水地との関係について考えさせる。 ・ハザードマップを過信してはいけないことを認識させる。
展開③ （15分）	○今後何をしたら津波被害を少なくできるかを考える。 ・互いの意見を4人程度の小グループで議論し、クラス全体で共有する。また、その意見や提案が現実的であるかどうかを話し合う。	・津波被害がない地域に住んでいても、将来、その場にいることになるかもしれないことを想像させて、自分ごととして考えさせる。
まとめ （5分）	○津波を伴わない地震の避難行動についても確認する。 ○東日本大震災の復興は終わっていないことに気づき、今後のそれぞれの行動のきっかけとする。	・地震と津波の避難行動について確認する。 ・今回は取り上げなかった原発事故災害は今も深刻な状況であることを忘れないようにする。

4．「防災」をテーマにした他の教育活動との連携

　自然災害といっても多くの種類があり、正しい避難行動のためには、災害の

特徴を理解しておくことが不可欠である。また、それに伴う2次災害や人為的災害も含めて考えないと「命を守る行動」にはつながらない。ここでは、下記のような条件下にある場所での避難行動について考えてみたい。災害を引き起こす自然現象によって避難する方向は、下記のように異なる。

〈避難すべき方向や場所〉

- ・地震の時　→　倒壊物や地割れがない広い場所
- ・津波の時　→　地震で大きな被害がなく、河川から離れた標高の高いところ
- ・大雨で浸水の危険性が高い時　→　浸水する危険性がないところ
- ・大雨で河川の氾濫の危険性が高い時　→　堤防決壊しやすい場所から離れる
- ・土砂崩れの危険性が高い時　→　斜面から離れたところ

　　　　　　　　　　　　　　　　（例：2階の斜面から遠い部屋）

- ・暴風の時　→　事前に窓や庭木などの保護をして、外出は禁止
- ・火山爆発の時　→　溶岩が流れて来たり、火山灰などが飛来しない方向
- ・火事の時　→　炎や煙が来ない方（風上、斜面なら下方）
- ・原発事故の時　→　放射性物質が飛来しない方向（風上など）

　上記のように災害によって、逃げる方向や対応が違ってくる。たとえば、いつも高いところに逃げろと言われるからと、火事が起こっているのに上方に逃げれば煙や炎に襲われる危険性が増す。これこそ、地理的な見方・考え方を生かすことができる場面である。また、その時にいる場所がリアス海岸なのか海岸平野なのか、河川は蛇行しているのか、火山からどのくらい離れているのか、風はいつもどの方角から吹いているのか、などによって、当然避難行動は異なってくるのである。

　ところで、教科学習の時間には、災害について講義を聞く、書籍やインターネットで調べる、それを発表する、地図を作製する、などといったことができるだろう。しかし、せっかく学んでも、実際に行動できなければ意味がないのが防災学習である。したがって、自然災害という枠をはめることなく、火災時や原発事故時の対応を含めた避難行動を「地理総合」の防災学習に入れ込むべ

きである。地理的な見方・考え方を生かした避難行動の学習活動なので教科教育の内容であろう。しかし、教科の時間は限られているため、教科と特別活動などが連携することで、意味のある防災教育にすることができる。文部科学省も『学校防災のための参考資料「生きる力」を育む防災教育の展開』において、下記のような防災年間計画を例示している。

表2　高等学校　防災教育年間計画（例）

1学期	2学期	3学期
◇身近な自然環境と自然災害（理科） ◇子どもや高齢者とのかかわりと福祉（家庭科）	◇自然環境と防災（地理Ａ） ◇食生活の設計と創造（家庭科） ◇地域の自然環境を知る（総合的な学習の時間） ◇地域と連携した複合的避難訓練（学校行事）	◇生活圏の諸課題と地理的考察（地理Ａ）

さて、奈良県内だけでなく、全国的に学校は1次避難所か2次避難所に指定されていることが多い。私の勤務校も指定はされているものの、避難所運営の訓練は未経験であった。そのことを知った生徒が企画して、2018年度に宿泊避難訓練を実施したところ、さまざまな不備を発見することができた。生徒たちは、校内における危険箇所をチェックして回っていたが、この活動は、校内危険箇所マップづくりなど、地理の授業でできることである。教科の授業とＨＲ活動や総合的な探究の時間などと連携すれば、その学校のみならず地域にとって有意義な活動とすることができるのではないだろうか。

さらに修学旅行で東日本大震災などの災害遺構を訪問する、教育実習生と共に避難訓練をする、地域の避難訓練に参加する、ハザードマップの災害種類別周辺詳細版を作成するなど、災害が多発している近年の日本において、防災教育は有効な学習活動として広げる可能性が無限にあると考えられる。

このような内容であれば、歴史や公民の教員が、比較的取り組みやすいであろうと思うし、自然地理的な内容についてもハードルが高くないのではないだろうか。

宿泊避難訓練の様子

生徒が段ボールで仕切って体育館につくっ　　サバイバル飯づくり（空缶を釜に牛乳パッ
た避難所　　　　　　　　　　　　　　　　クを燃料にして炊飯）

5．おわりに

　東日本大震災で明らかになったように、人命という観点からは、自然災害と
人為的災害の間に境界線はない。だから、津波の時にどのような避難行動をす
べきかを学習することと同様に、原子力発電所の事故の場合にはどういう避難
行動がベターなのかを学習することが重要である。そのような理由から、「地
理総合」においては、「自然地理的内容と防災をセットにした内容」と「避難
行動までを学習内容とすること」という視点でのカリキュラム策定が必要であ
る。

　また、防災の歴史的知見は極めて重要であり、このカリキュラムの中に「防
災の歴史」という項目を設定することも極めて有意義だと考えられる。これま
でならば、それは歴史の授業で実施すべきだという意見が出てくると思われる
が、ここは地理・歴史にこだわらず、他の教科・科目や特別活動などと連携し
て防災教育を作り上げていくことが、迷うことなく「命を守る行動」に移れる
カギになると思われる。

第Ⅱ部 教材化における観点の違いの比較

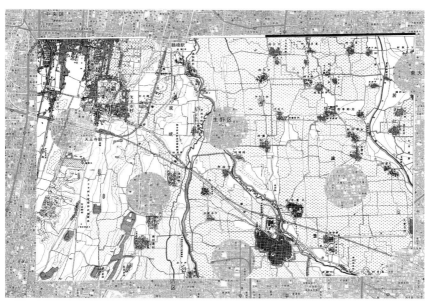

大阪市天王寺駅周辺の現在と過去
地理院地図（2021年4月）と仮製二万分の一地形図（1912年発行）の重ね合わせ

地図から考える多文化共生
～大阪市生野区コリアタウン周辺を事例として～
奈良大学文学部地理学科　木村圭司

　地理を専門とする教員と、日本史・世界史を専門とする教員では、同じ地歴科でも、違った教え方をすると言われる。第Ⅱ部では、「地図から考える多文化共生～大阪市生野区コリアタウン周辺を事例として～」と題し、メインとなる4つの図は共通として、教材化における観点の違いを比較する。

　日本史や世界史を専門とする教員は、年表や文章資料を巧みに扱い、そこに分布図を組み合わせ、時系列に沿ってストーリーを組み立てていく授業形式が得意である。一方で、地理の教員は分布図をしっかり読み取り、その分布が形成された要因について考えていく、という授業形式が多い。奈良県高等学校地理教育研究会では、これらの教材化の観点や授業形式の違いについて比較する機会を持った結果、思っていた以上に大きな違いがでて興味深かったため、ここに並べて記述することにした。

　取り上げる「地域における多文化共生」というテーマは、「地理総合」の学習指導要領では「B 国際理解と国際協力（1）生活文化の多様性と国際理解」および「C 持続可能な地域づくりとわたしたち(2)生活圏の調査と地域の展望」にまたがっている。

　なお本書では、教材化における観点の違いにのみ焦点を当てることとし、教員が授業で教える「思い」や、在日コリアンの歴史問題には踏み込まないこととした。第2章の著者のオリジナル原稿には、在日コリアンの歴史と現況に関する詳しい説明があったが、編者（奈良県高等学校地理教育研究会）が本書の主旨に合わせて、教材化の部分のみを抜粋・編集した。編集後の文章については、著者に了解を得ている。「地理総合」は2単位と時間が限られているので、発展的な内容は「総合的学習の時間」を活用するなどの工夫が必要になる。

歴史分野を専門とする教員と地理分野は、共通する資料Ａ〜Ｄの４枚の図を
もとにして、必要に応じて資料を加えながら説明していく。

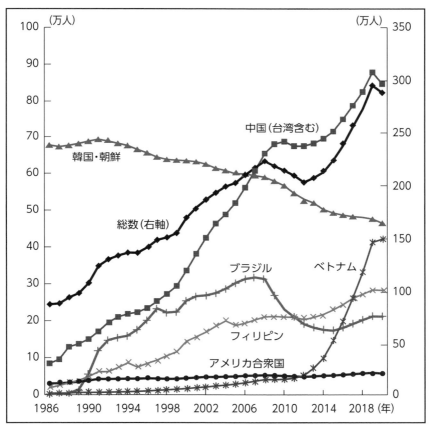

資料Ａ　在留外国人登録者数（1986 〜 2018年）
出典：e-statおよび国立社会保障・人口問題研究所HPより

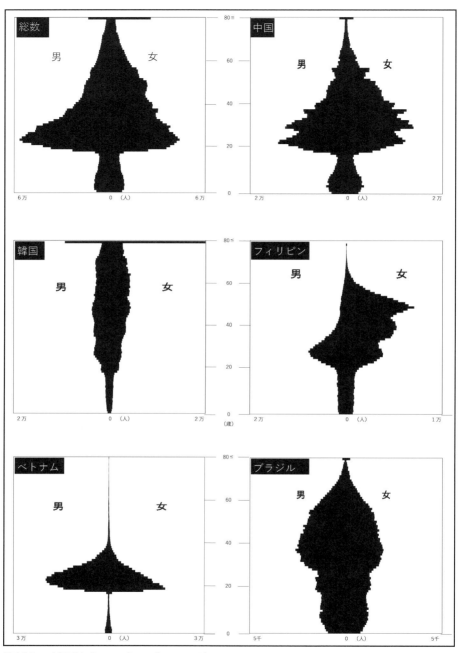

資料B　外国籍人口の人口ピラミッド
出典：在留外国人統計（2017年）

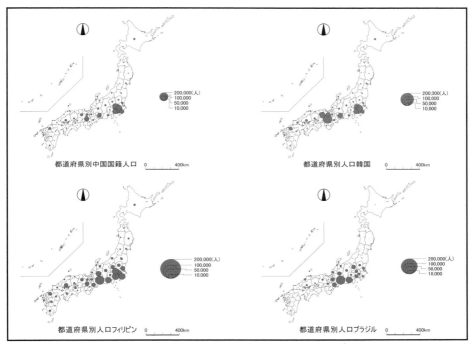

資料C　中国、韓国・朝鮮、フィリピン、ブラジル国籍人口の分布
出典：在留外国人統計（2020年6月）

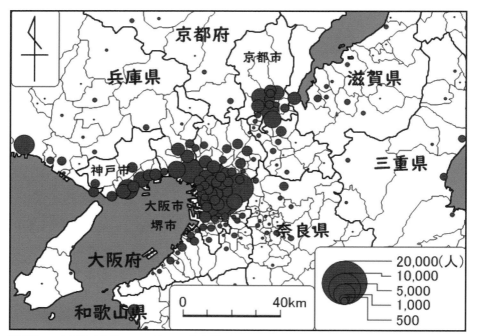

資料D　市区町村別にみた韓国・朝鮮籍人口の分布
出典：在留外国人統計（2020年6月）

1. 地理的観点からの教材化
奈良大学文学部地理学科　木村圭司

1. はじめに

　地理を専門とする教員は、複数の分布図やグラフを詳しく説明して、地域の特徴の比較からストーリーを作って授業を組み立てていくことが多い。これは、1箇所の地域性を説明するよりも、2箇所以上の地域性を比較すると、生徒にとっては理解しやすいためである。地誌学の教育方法は「静態地誌」、「動態地誌」、「比較地誌」に3分類されるが、このうちの比較地誌については、従来の「地理B」でも必ず取りいれてきた手法である。

　地理では地域性を重んじる「地誌」と、気候や農業などグローバル性を持つ「系統地理」の考え方があるが、歴史を専門とする教員の中には、「地誌」と「系統地理」のどちらかだけを教えれば良い、と思われている人もいるのではないだろうか。しかし、地理的なものの見方・考え方を養うためには、両方の切り口が必要不可欠である。

　分布図を中心に説明を行うとき、身近な事象から世界に広げる方向で説明を行う手法（一般化）がある。身近な事象を説明すると、生徒にとってイメージしやすい反面、世界に一般化していくのは難しい。一方、それとは逆に、世界地図や日本地図のような広域の分布図から身近な地域に近づけてくる手法もある。世界や日本での分布を読み取り、その理由を考えた上で、自分の身の回りに話を落としてくる後者の手法の方が、生徒たちには全体像を捉えやすい。

　いくつかの分布図を比較するときには、タイトルと凡例をもとに、①全体の共通点を説明する、②代表的な分布（東西や南北、都市部と郊外など）を説明する、③目立つ特徴を説明する、④気になる細かい点を説明する、の順で説明していくとわかりやすい。①が見落とされやすいので意識したいところである。

　なお、「地誌」「系統地理」は「地理探究」では教えることになっているが、

「地理総合」では扱わず、「地理総合の三本の柱」に沿って教えていくことになる。

２．在留外国人の分布とその特徴

　この内容は、「地理総合」の１時間で扱っていく。

　COVID-19により海外との往来が難しくなった現在でも、街なかで外国人を見かけることは多い。これは、観光客ではなく日本に居住する在留外国人が増えているためである。在留外国人の多くは、職場や学校を通じて社会と接点を持っているため、同じ国の人どうしの付き合いだけでなく、周囲の日本人との接触も多い。そのため居住・買い物・通勤など、地域で頻繁にみかけることにもなる。

　P.59資料Cは、４つの国・地域について在留外国人数の都道府県別分布を示している。この分布図から、共通点と各国・地域の特徴を見ていく。

①共通点：大都市の密集する関東・東海・京阪神に多く、その他の地域には少ない傾向にある。

②「中国」関東地方に特に多く、全国に分散している。

③「韓国・朝鮮[1]」京阪神と東京・神奈川に集中している。

④「フィリピン」関東・東海地方に多い。

⑤「ブラジル」東海地方に多く、京阪神は比較的少ない。

　上記のように、まずは共通点を示した後に、それぞれの特徴を引き出していくのが、分布図を読み取るときのコツである。

　P.57資料Aは、在留外国人の登録者数の経年変化を示している。この図から、最近33年間の推移の特徴を読み取る。

①共通点：年によってやや減少することもあるが、概ね増加している。

②「中国」期間中、急激に増加しており、2007年以降は１位である。

③「韓国・朝鮮」2006年までは１位であったが、徐々に減少し、中国に抜かれ

1）注：韓国・朝鮮は、戦前に日本に来た人々は韓国と北朝鮮（朝鮮民主主義人民共和国）の区別がないため、同じカテゴリーとして統計が取られている。

て2位となった。2018年には3位の「ベトナム」とも僅差になっている。

④「ブラジル」1989年までは非常に少なかったが、2008年頃にかけて増加した後、減少に転じた。

⑤「フィリピン」順調に増加している。

⑥「ベトナム」2011年までは緩やかな増加であったが、その後、急激に増加し、近年では3位となっている。

　このように、日本全体の分布と、近年の増減を見ると、都市部で在留外国人を見かける機会が多くなってきたことが、資料からも裏付けられる。この図でアメリカ合衆国以外は、一般に日本よりも給与水準が低いため、いわゆる「出稼ぎ」に来ている人が多い、一方で、貿易商や技術者など、高スキル・高収入な労働者も見られる。

　全国の在留外国人は2020年現在で約289万人、日本の人口が約1億2千万人とすると、単純計算で約2.4%が在留外国人であるという計算になる。高校の1学年を360人とすると、学年に9人の在留外国人が含まれるという、高い割合である。このことからも、相互の文化を正しく理解して尊重し合うことが重要である。

3．日本社会に進出する在日外国人

　P.58資料Bは、在留外国人の人口ピラミッドである。なお、80歳以上はまとめて1階級としているため、一番上に横棒が伸びているグラフも見られる。この図を見て、それぞれの国・地域の特徴を読みとり、その理由を考えてみよう。

①共通点：同じ国で見ると、どの国も20歳以下の人口は少ない。また、総数をみると20代から30代は男性が多いが、それ以外の年齢では男女比は変わらない国が多い。

②「中国」30代より上で、男性よりも女性の方が多い。

③「韓国・朝鮮」他の国と大きく異なる形である。20代以上もピラミッド型になっておらず、年代を通してほぼ同数の年齢構成となっている。また80代以上

が非常に多い。

④「フィリピン」男性は40代以上の数が非常に少ない。女性の数が多く、特に30代後半から50代の女性が多い。

⑤「ベトナム」20代から30代前半までがほとんどを占め、その他の年代は非常に少ない。男性の方が多い。

⑥「ブラジル」ピラミッド型になるのは60代以上で、20代から50代までの人数は大きく変わらない。ただし、横軸の目盛りが他の国より小さいことに注意が必要である。

この人口ピラミッドを、<u>P.57資料A</u>と関連して説明をしていく。

比較的最近、日本に入ってくるようになった「ベトナム」籍の人が特徴的であるが、20代の若者が来日して労働者や学生となり、その後、徐々に帰国していくために、20代を底面とするピラミッド型を徐々に形成していると考えられる。資料Bで示されるように、日本に定住する人口が増えるようになってからまだ7年ほどのため、背の低いピラミッド型である。なお、20代以下は、その労働者たちの子供であろう。この状態がしばらく続くと、中国のような20代を底面とする大きなピラミッド型になる。

「フィリピン」の女性は、かつては飲食関係の労働者が多かった。しかし、日本の法律が改正された後は、多くはホテルでベッドメイキングや清掃を行う客室係など、温和で丁寧かつ英語が公用語の国民性を生かした職に就いていると考えられている。

「ブラジル」は、2014年のサッカー・ワールドカップや2016年の夏季オリンピック開催など、ブラジル国内の景気が良くなったために、帰国ラッシュが発生した。その結果、満遍無い世代が残ったと考えられている。

「韓国・朝鮮」は、第二次世界大戦前から2世代以上にわたって日本に住み続けていることが多いため、高齢者層が多いことが特徴的である。近年では、若者が本国からやってきて、日本に住み続けることは少ないため、柱状の年齢構成となっている。

４．近畿地方中央部における韓国・朝鮮籍人口の分布

　P.60資料Dには、近畿地方中央部の市区町村別韓国・朝鮮籍人口の分布が示されている。大阪市東部に最も集中しており、京都市、尼崎市、神戸市の海岸沿いにも多いことがわかる。第二次世界大戦前には、阪神工業地帯が日本の工業生産の中心であり、また大阪と朝鮮半島（済州島）には直行便の船が行き来していたこともあって、韓国・朝鮮籍の人が多くいた。大阪市東部には小さな工場がたくさんあり、そうした工場の経営者や労働者がそのまま戦後も住み続けていると考えられる。また、韓国・朝鮮籍の人が集まって居住することにより、町なかに韓国風の衣類や食べ物などの商店が立ち並ぶことになる。

　現在では、在日コリアンの人々が集まって住み、こうした人々向けの商店が多い大阪市生野区がコリアタウンとして有名であり、日本における多文化共生社会の先駆けとなっている。

　このように在日コリアンの人々は、長い間日本に住み続けていることがわかった。彼らは本国の文化を守りつつ、日本社会の中で生活している。日常の生活の中では、こうした人々のあり方に気づき、思いを巡らせる機会は少ないかもしれないが、今後ますます在留外国人が増えていくことが予想され、彼らとの共生を身近な問題として捉えていく必要がある。この授業案が、多文化との共生・相互理解について考える一助となれば幸いである。

2．歴史的観点からの教材化
奈良県立大和中央高等学校（定時制）米田浩之

1．はじめに

　2019年4月1日に、「外国人材」の受入れを拡大する改正出入国管理法が施行された。2020年6月末時点の在留外国人は288万人を越え、今後、より一層の在留外国人の増加が見込まれる。このようななかで、多文化共生社会のあり方をわたしたち1人1人が主体的に考えていくことがますます重要となってくるであろう。

　さて、大阪市生野区は、日本最大の在日コリアン集住地区で、在日コリアンの歴史が凝縮されている地域である。1990年代半ばには、「コリアタウン」が創設され、多くの日本人も出入りし、様々な多文化共生をテーマにしたイベントも催されている。この地域について学ぶことは、多文化共生社会のあり方を考えるうえで、多くのヒントを与えてくれる。

　こういったことを念頭におきながら、今回の教材では、在日コリアンの歴史的な背景に着目しつつ、コリアタウン周辺地域について、地図や統計資料、写真などさまざまな資料をもとに学習していきたい。そうして、実際にコリアタウンに足を運びたくなるような興味を生徒が抱き、多文化共生社会のあり方をともに考えるきっかけにしたい。

2．在日コリアンと日本社会

○第1次の授業の概要

　第1次では、3時間程度の時間をかけて、日本の社会になぜ多くの在日コリアンが住んでいるのかについて、グラフや年表などの資料を用いて考えたい。

○在日コリアンの渡日時期

　まず、P.57資料Aのグラフから在留外国人登録者数の変化を読み取る。この

グラフからは、①現在、45万人ほどの韓国・朝鮮籍の人々１）が日本に居住しており、登録者数としては３位であるが、1980年代においては最も人数が多かったこと、②それに対して、1980年代以降、韓国・朝鮮籍以外の人々の在留が増加してきたことの２点が確認できる。次にP.58資料Bの人口ピラミッドに目を移し、年齢分布に注目する。ここでは、③上部左の「総数」をはじめ全体的な傾向としては青年・壮年層のボリュームが多いこと、一方、④韓国・朝鮮籍の人々は他の国籍と比べ80歳代などの高齢者層が多いことが見て取れる。

　以上の分析のうち②③に注目した上で、在留外国人が増加した1980年代以降の日本では、いわゆる「経済大国」化に伴って、外国人「労働力」が求められるようになっていたことを紹介し、労働目的による在留者の増加という全体的な傾向を把握する２）。一方で韓国・朝鮮籍の人々は、①④の点から渡日時期が相当以前にさかのぼると推測できることに気づく。以上のP.57資料A、P.58資料Bの分析をもとに、資料１に示した「在日コリアン」と「新渡日」という言葉についてふれ、在日コリアンとは朝鮮半島が日本の植民地であった時代に日本に来た人々にルーツがあることを確認したい３）。

　なお、中年・若年層の人口が少ない他の要因として、日本国籍取得者が1970年代から増加したことを、その背景にも触れながら説明しておきたい。また、1980年代以降の国際結婚の増加や、1985年に実施された国籍法改正の影響があることにも触れ、文化的・社会的に朝鮮半島に関わりを持つ人が減っているわけではないことを押さえておきたい。

【注】
１）韓国・朝鮮籍の人々の「朝鮮」は国名ではなく地域名であり、外国人登録令により日本に在留する朝鮮半島出身者が外国人登録の対象となった際、国籍欄に「朝鮮」と記載したことに始まる。その後、大韓民国の国籍を取得した人々は韓国籍に移行し、取得していない人は「朝鮮」籍のままとなった。統計の上では、韓国籍の人をとくに対象とする場合を除き、韓国・朝鮮籍は同じカテゴリーとすることが多い。

２）より詳細な分析の実践は、P.62-64を参照

３）在日コリアンの歴史的な背景については、米田浩之 2020で、授業の展開を詳細に示しているので、参照されたい。

【在日コリアン】
日本政府による朝鮮の植民地統治時代に、直接的・
間接的なルーツを持つ人たちとその子孫。韓国籍・
朝鮮籍の人（「特別永住者」の資格をもつ）や、日
本国籍を持つ人がいる。

【新渡日】
主に1980年代以降に渡日した外国人。
中国、韓国、ブラジル、ベトナムなど
様々なルーツを持つ人々がいる。

資料1　「在日コリアン」と「新渡日」という言葉

3．大阪市の在日コリアン

○第2次の授業の概要

　第2次は、約2時間で展開したい。まず地図資料を用いて、京阪神に在日コ
リアンが多いことに気づき、その背景について考える。そのうえで、大阪市の
在日コリアンについて取り上げ、現在の生野区の集住地域がどのように形成さ
れていったのかを、違った時代のいくつかの地図資料を比較することで、歴史
と絡めながら考えていきたい。

○京阪神の在日コリアン

　P.59資料Cは、4つの国籍別集団の都道府県別人口分布を示している。すべ
ての集団に共通して大都市圏に多いという傾向を指摘できるものの、それぞれ
の集団が分布する地域に目を向けると、その違いに気づく。

　このうち、韓国・朝鮮籍の人々は、他の集団と比べると、特に近畿地方に多
く居住していることが分かる。ここで、朝鮮半島出身者が植民地統治期に日本
「内地」に来ているという歴史的背景を思い出したうえで、なぜ近畿地方に多
くの人々が居住したのかについて考えていきたい。

　近畿地方には阪神工業地帯がある。大阪などの商業資本と大消費市場、水運
を中心とした交通、淀川による用水などを背景として発展し、戦前は日本最大
の工業地帯として栄えていた。このような地理的背景に注目すると、当時最も
工業が盛んな阪神工業地帯が所在する近畿地方へ、多くの朝鮮半島出身者が仕

事に従事するため来ていることを推測できる。

　P.60資料Dは、京阪神の市町村別にみた韓国・朝鮮籍の人口分布を示している。京都府、大阪府、兵庫県の3県に韓国・朝鮮籍の人々が多いことが分かる。特に京都市南部（南区、伏見区）、大阪市東南部（生野区、東成区）、東大阪市、兵庫県の阪神間（尼崎市、西宮市）、神戸市長田区、姫路市に人口が多い。このような都市には大きな集住地区もみられる。

○大阪市内における集住地区の形成

　資料2～資料5は異なる4つの時期における、大阪市内の在日コリアンの居住地と立地係数を示したものである（福本2004）。これらの図を比較し、大阪市内における在日コリアンの動向を読み取ったうえで、資料6・資料7の地図（福本2004）や、歴史的背景をふまえながら、現在の大阪市生野区の集住地区が形成された背景を考察していきたい。

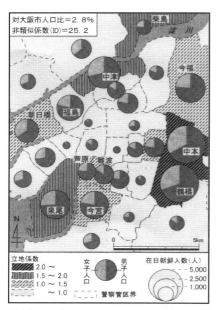
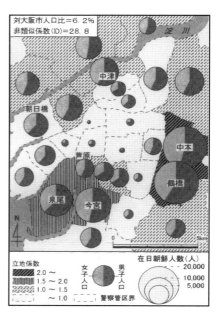

資料2　在日コリアンの居住地と立地係数（1929年）（左）
資料3　在日コリアンの居住地と立地係数（1938年）（右）

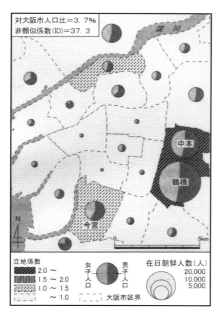
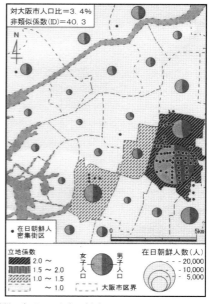

資料4　在日コリアンの居住地と立地係数（1947年）（左）
資料5　在日コリアンの居住地と立地係数（1995年）（右）

以下、それぞれの時期の居住地の特徴について資料から読み取れることを挙げる。1929年と1938年の在日コリアンの居住状況をみると、大阪市北部、大阪市東南部、大阪市西南部など、大阪市内の様々な地域に居住が広がっていることが確認できるが、1947年と1995年の居住状況をみると、大阪市東南部に居住が偏っており、居住地域の分布が変化していることが分かる。そこで、なぜこのように在日コリアンの居住の状況が変わったのかを、資料6・7を手がかりに考えたい。

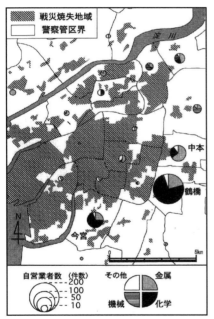
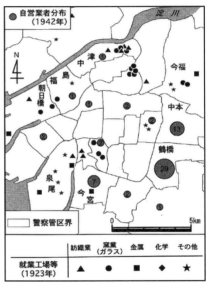

資料6　空襲被災状況と在日コリアン自営業者の居住地（左）
※自営業者の居住地は1948年のもの
資料7　在日コリアン工場労働者の就業施設と自営業者の分布（右）

　資料6の空襲被災状況を示す地図をみると、空襲の被害をうけた地域が、在日コリアンの人数が減少した地域と一致することが分かる。このことから、空襲の被害で生活基盤が破壊されたことによって移動した人々が多数いたことが

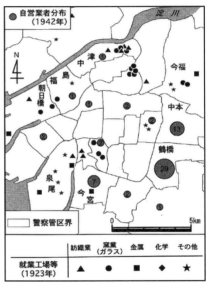

推測される。また、資料7で1942年の自営業者の分布状況を確認すると、大阪市の東南部に自営業者が偏っていることが分かり、これは戦後に居住が集中する地域と一致している。このことから、戦前・戦後を通じて、この地域が自営業を営む在日コリアンの人々の居住地域であり続けていることが分かる。さらに資料5に示されている1995年の在日コリアンの居住地を確認すると、戦後まもなくの居住地がそのまま現在の集住地につながっていることが分かる。

　以上のことから、自営業の人々を核として相互扶助をはかりつつ、コリアタウンが形成されていったという街の成り立ちが推測できる。そして、この地域のうちの1つが、第3次の授業で取り上げる大阪市生野区のコリアタウンとその周辺地域なのである。

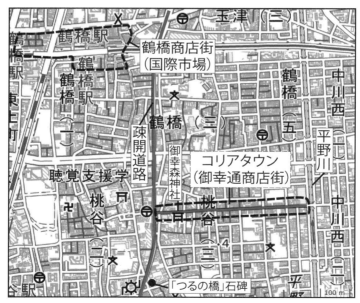

資料8　大阪市生野区の在日コリアン集住地周辺地図（地理院地図に地名等を追記して掲載）

４．大阪市生野区のコリアタウンとその周辺

○第３次の授業の概要

　大阪市生野区は約３万人の在日コリアンが居住し、日本最大の集住地区となっている。鶴橋駅周辺や生野コリアタウン周辺は、多くの日本人観光客も集まり、在日コリアンと日本人の「共生」という多文化共生の理念を発信しているエリアである。第３次は、約１時間を使い、資料８に示したこの地域について、Googleマップや地理院地図、今昔マップon the webなど地理に関するツールを駆使して学習する。生徒たちが興味を高め、この地域に足を運ぶきっかけをつかむことを念頭におきたい。なお、コリアNGOセンターが、このエリアのフィールドワーク、体験学習（ハングル入門、民族楽器チャンゴの演奏、キムチづくりなど）のプログラムを実施しており、実際に現地に足を運び、このプログラムを利用して学習することも可能である。

○鶴橋商店街（国際市場）

　鶴橋駅周辺に形成されている鶴橋商店街（国際市場）は、敗戦後のヤミ市としてにぎわい、その区割りがそのまま残っている場所も見られる。鮮魚、青果、コリア、焼肉エリアの順に東からオープンし、一日中眠らない市場として活気づいている。Googleマップのストリートビュー機能を使用して、鶴橋商店街の雰囲気をつかみながら説明を展開していきたい。

資料９　鶴橋商店街の様子

資料10　コリアタウンの様子

○コリアタウン（御幸通商店街）

　このあたり一帯は古くから「猪飼野」と呼ばれていたが、現在は地名として
は消えている。まず、今昔マップ on the web を用いて、そのことを確認す
る。かつての「猪飼野」の中心にある御幸通商店街は、コリアゲートの完成を
機に「コリアロード」と呼ばれるようになる。もともと、昭和20年代には、朝
鮮市場が現在の商店街の南側にあった。1945年ころに、現在の場所に朝鮮半島
出身者が店を構え始めている。1984年に、神戸の「南京町」や横浜の「中華街」
に刺激をうけ、在日コリアン2世の商店主らが中心となって「コリアタウン構
想」を立ち上げており、1990年代なかばに「コリアタウン」が創設されている。
かつては地域住民が大半であった客層が、今では7〜8割が日本人になってお
り（福本2005）、「生野民族文化祭」、「コリアジャパン共生まつり」、サッカーワー
ルドカップの同時観戦など、多文化共生の理念を発信するさまざまなイベント
が開催されている。この御幸通商店街についても、Googleマップのストリート
ビュー機能を用いて、通りの雰囲気や店舗の様子を見ながら授業をすすめてい
きたい。また、御幸通商店街の西側入り口に面して御幸森天神宮がある。この
神社に祀られる「仁徳天皇」が鷹狩りの際、たびたびこの地の森で休息し、朝
鮮半島の百済からの渡来人と見聞したと伝えられていることから、「御幸の森」
と呼ばれるようになったという。この神社には百済からやってきた王仁博士が
詠んだと伝えられる歌碑がある。この碑は、万葉仮名とハングルの両方で歌が
刻まれている。古代の日本と朝鮮半島の友好的な関係を伝えているとともに、
今後も友好関係を発展させていきたいという人々の願いが込められていること
にも注目したい。

　この御幸森天神宮から南へ300メートルほど進むと、日本で最も古い橋と伝
えられる「つるの橋」を記念する石碑にたどり着く。平野川が改修される前は、
この場所に橋があり、文献上、日本最古の橋と伝えられている。「つるの橋」
の由来については、昔からこの辺りに鶴が多く集まったためという記録が江戸
時代の地誌にあるようだ。また、その橋を架ける技術を伝えたのは百済からの

渡来人であるという。この地域一帯は、古くからの百済人の渡来によって「百済郡」と呼ばれていることからも、古代より朝鮮半島の人々にゆかりのある地域であるということに気づかされる。

○平野川

　旧平野川はたびたび氾濫して住民を苦しめていたため、新平野川として現在の位置につけかえられている。この新平野川が造成された時期を、今昔マップon the webを利用することによって読み取りたい。マップを確認すると、1919年〜1923

資料11　新平野川

年の間の時期に付け替えられていることが分かる。そして、朝鮮半島出身者が、この付け替えに深く関わっていたことについて、取り上げていきたい。

○疎開道路

　御幸通商店街西側入り口に面して南北に走る疎開道路についても、今昔マップon the webを用いながら詳しく取り上げたい。マップから、疎開道路が太平洋戦争（アジア・太平洋戦争）中に造成されていることが知れる。このことを手掛かりに疎開道路の造成の理由を考えると、まず、空襲による火災の延焼を食い止めるために、

資料12　疎開道路

密集していた住宅を強制的に疎開させて幅の広い道路が造られたことが推測できる。加えて、大阪砲兵工廠との関連性にも着目したい。

資料13　大阪砲兵工廠が所在していた位置（地理院地図に加筆）

　疎開道路を北に進むと、現在の大阪城公園付近にたどり着く。今昔マップ on the webや資料13を参照すると、ここは戦中、アジア最大規模の軍需工場として兵器製造を担った大阪砲兵工廠が所在した場所であることが判明する。このことから、疎開道路が大阪砲兵工廠に関連する軍需物資の運搬をスムーズに行うことを念頭に置きながら造成されたことを考えたい。

5．おわりに

　在日コリアンの歴史やコリアタウンについて学ぶことは、在留外国人のますますの増加が見込まれる日本社会にとって、多くの重要な視点をもたらすものと考えられる。授業を受けた生徒が、地図や資料を読み取る力をつけるとともに、その学習活動を通してコリアタウンに興味を持ち、実際に足を運んで、多文化共生についてともに考えていくきっかけになることを願いながら、この教材案を提示する次第である。

本章は、著者の教材を元に、地理と歴史の教員の教え方の違いに焦点を当て、奈良県高等学校地理教育研究会が改編した。著者が授業で実践している在日コリアンの歴史的な説明は、本書の主旨から外れるため、参考文献等を参照いただくこととし、この文章では割愛した。

【参考文献】

石川義孝編　2019『地図でみる日本の外国人』ナカニシヤ出版

河野通博　加藤邦興　1988『阪神工業地帯』法律文化社

金賛汀　1985『異邦人は君ケ代丸に乗って─朝鮮人街猪飼野の形成史』岩波書店

米田浩之　2020「生きた人権学習の創造─出逢い、学び、つたえ、共に考える─」『奈良県高等学校教育文化総合研究所教育研究集会レポート集2020』奈高総研Books vol. 9　奈良県高等学校教育文化総合研究所編

佐藤文明　2009『在日「外国人」読本［三訂増補版］』緑風出版

徐毅植　安智源　李元淳　鄭在貞　2014『日韓でいっしょに読みたい韓国史─未来に開かれた共通の歴史認識に向けて─』明石書店

『朝鮮をどう教えるか』編集委員会編　2001『朝鮮をどう教えるか』解放出版社

奈良県外国人教育研究会編　2006『未来につなぐ近現代史オッケトンム東アジア編』

福本拓　2004「1920年代から1950年代初頭の大阪市における在日朝鮮人集住地の変遷」『人文地理』56－2

福本拓　2005「大阪における多文化状況の展望と在日朝鮮人」『現代思想』33－5月号 青土社

山口覚ほか　2019『図説京阪神の地理─地図から学ぶ─』ミネルヴァ書房

山下清海　2008『エスニックワールド世界と日本のエスニック社会』明石書店

『歴史教科書在日コリアンの歴史』作成委員会編　2013『在日コリアンの歴史［第2版］』明石書店

図版資料出典

資料1～6　福本拓　2004「1920年代から1950年代初頭の大阪市における在日朝鮮人集住地の変遷」『人文地理』56‒2

第Ⅲ部 地理総合の実施に向けて

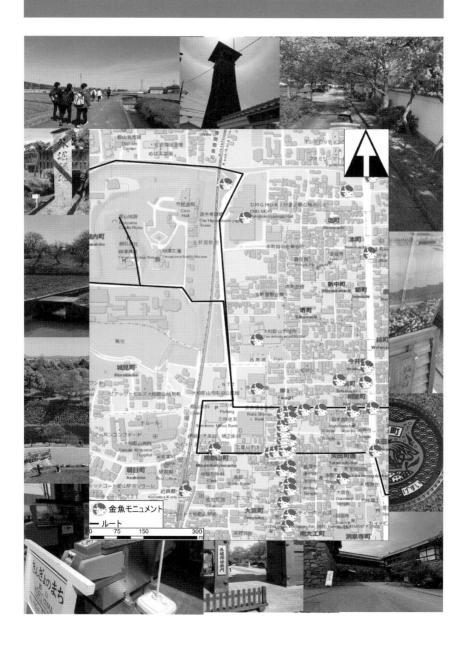

1. 高校周辺のフィールドワーク指導案の事例

團栗裕貴（奈良大学・学生）
石橋孝成（奈良教育大学・院生）

1．はじめに

　「地理総合」の３本柱の３つ目として「Ｃ 持続可能な地域づくりと私たち」が挙げられている。そして、その中に「⑵生活圏の調査と地域の展望」という分野が設定されている。つまり「地理総合」では、地域におけるフィールドワーク（現地調査）を行い、地域の特性を知ることが求められている。フィールドワークは、地理学を専門とする教員にとっては「巡検」と称してお馴染みの手法である。しかし、地歴科という括りで教科が成り立ち、さらに、地理学を専門とする高校教員は圧倒的に少ないことを考えると、高校の授業内におけるフィールドワークで何をすれば良いか、戸惑う教員が多くいると考えられる。フィールドワークの経験がない教員は多数存在するだろうし、博物館見学をフィールドワークと誤解している教員もいるかもしれない。

　フィールドワークを行う際には、用意周到の準備が必要である。指導する教員はあらかじめ下見をして、教えるべきこと、道路の安全性などを考えておかなければならない。また、地形図（近年は「地理院地図」で代用することも多い）や各種資料を集め、事前に生徒たちに「何を見に行くか」を説明しておけば、フィールドワークの効果は高くなるであろう。フィールドワークを行う時間は、理想的には時間割を調整して、２コマ連続（つまり90～100分）であることが望ましい。これは、１コマ（45～50分）では、教室を出て教室に戻ってくるまで、校内での移動時間などに時間がかかる可能性が高いためである。90～100分あれば、特に説明が必要な数カ所で現地説明ができる。

　現在、奈良県内の国公立高校すべて（分校を除く）でフィールドワークの案を作成している。調査した高校数が10校を超えたぐらいから、目を通しておく

べき資料や、見所がほぼ類型化されてきた。奈良県は内陸県のため、海岸沿いのフィールドワークは行えないが、都市・ニュータウンや山村、城跡や鉄道跡、地形や水についてなど、多様な地域や事象を対象とすることにより、他の都道府県の調査でも参考にしていただけるようにした。本稿では紙面の関係から6校を選び、フィールドワーク案を示す。フィールドワークに必要な地図はGIS（地理情報システム）を用いて作成している。地形図や加工前の「地理院地図」のような一般図では、図の読み取りに焦点が定まらないことから、読み取らせたい題材に絞った地図を作りたかったためである。また、周辺図や地形図、ハザードマップなどの図を説明のために使用している。

　フィールドワーク案では、奈良県内で地理的・地形的に特徴のある公立高校6校を取り上げた。そして、フィールドワークのタイトルに副題をつけることで、読者に興味・関心を持っていただけるよう工夫した。また、コースごとにそれぞれ6か所の見所を作り、写真付で説明している。

❶奈良県立添上高校「水の恵みと洪水の危険性」

❷奈良市立一条高校「一面の水田だった佐保川の氾濫原と大仏鉄道跡」

❸奈良県立平城高校「ニュータウンと古代からの道」

❹奈良県立奈良北高校「富雄川に沿って栄えた水田地帯と崩壊地形」

❺奈良県立十津川高校「十津川沿いの地形と山村の暮らし」

❻奈良県立郡山高校「西側からは見えない郡山城」

　実際のフィールドワークの際には、6か所すべてを回る時間がないかもしれないが、その場合には、教員が説明しやすい2、3か所をピックアップしてもよい。

2．フィールドワーク実施の注意点

　フィールドワークでは、とにかく安全が第一である。1クラス30人以上となると、教員1人では目が届きにくい。このため、2人以上の教員が協力して実施することが望ましい。歩道のない狭い道路における車や二輪車への注意、用

水路やため池の脇ではふざけないように言っておくことなど、生徒達のさまざまな危険を回避しなければならない。

　住宅街を歩く場合には、生徒同士の会話でも、教員による説明でも、大声を出すと近所迷惑になるので、できるだけ声量を絞って会話・説明を行うよう心がけたい。さらに、「ここが断層です」「ここは洪水時に3m程度浸水します」というような情報も、住民にとって気持ちのよいものではないので、あらかじめ事前学習の際に説明しておくか、少し離れた場所で説明した方がよい。

　また、プライバシーに絡む問題が発生する可能性もあるため、生徒の自宅周辺について発表させることは避けた方がよい。また、最近10年程度の災害については、トラウマを抱えている生徒もいる可能性があるため、注意が必要である。

　体調管理として体温調節にも注意したい。また、夏季には熱中症対策が必須であり、蜂・アブ・蚊・マダニなどの虫や、マムシなどの蛇への注意も必要である。冬季には汗が冷えると風邪を引きやすいため、着替えを持参するなどの工夫が必要である。そのほか、健常者にとっては、なんでもない坂道や段差でも、例えば足の不自由な人にとっては苦労をすることがある。こうした点も、教員による下見の際にチェックしておくべきであろう。

３．フィールドワークの参考となる地図

　フィールドワークを行う際には、地図を手にして歩くことが望ましい。かつては国土交通省国土地理院が発行している「2万5千分の1地形図」や「1万分の1地形図」が定番であったが、現在ではweb上の「地理院地図」の標準地図をプリントアウトして持ち歩くことが多い。この「地理院地図」には「活断層図」や「治水地形分類図」などを重ね合わせたり、「自分で作る色別標高図」で詳細な地形段彩図を作成したりといったこともできる。こうした地形に関する情報を参考にすると、古くからの土地の履歴を知ることができる。

　古い地形図と現在の地形図を簡単に比較できるwebサイトとして埼玉大学の

谷謙二先生が作られた「今昔マップ on the web」がある。特に大都市圏では、これまでの地形図の多くが掲載されており、明治以来の川の付け替えや鉄道の改廃、道路の建設や住宅地の広がりなど、多くのことを知ることができる。なお、過去の地形図は、現在とは地図記号が異なる場合があるので、使用するときには注意が必要である。

　市区町村の多くはハザードマップをインターネットで公開しており、こうした地図を手に歩くと、浸水危険地域や土石流の危険場所などを実感することができる。

　市区町村が作成する都市計画図をみると、例えば「第1種低層住居専用地域」といった都市計画と、「建ぺい率・容積率」のような住居を建てる際のルールを知ることができる。

　土地利用図、植生図などの主題図や、1945年前後から残る空中写真（航空機から撮影した写真で、当初は白黒だったが、近年はカラーとなっている）などを用いて、対象となる地域を見ることも興味深い。

　道路名や施設名が入った地図としては、ゼンリン、昭文社、Googleなどが作成している地図がわかりやすい。こうした地図は、一般大衆が見やすいように作られており、目印となる地点が多く、フィールドワーク中にどこを歩いているかを一目で理解できる強力な助けとなる。

4．奈良盆地の地形概観

　奈良県内の人口は奈良盆地に集中しており、高校も多い。図1には奈良盆地の西側に南北に延びる矢田丘陵・西ノ京丘陵を示している。矢田丘陵の西側には、天野川・竜田川を隔てて生駒山地が、また、矢田丘陵と西ノ京丘陵の間には富雄川が流れている。南北に流れる川は、この周辺の構造地形、つまり断層により形作られている（図1）。いくつかの高校は、丘陵地を侵食する川のそばに立地している。こうした高校では、川まで行くだけで興味深い地形が見られることも多い。

5．古くから残る奈良盆地の道

　過去にできた街道の多くは、変わることなく現代に伝わっている。モータライゼーションにより、従来の街道では手狭になったときに、旧街道に平行してバイパスが建設されることが多い。これは街道に沿って人が住み、集落ができ、人の流れができるためである。道幅を広げようとするときには、集落から少し離れた水田や山裾にバイパスがつくられる。

　図2は、奈良盆地に古代から残る道路である。例えば近鉄二階堂駅近くには古代から「下ツ道」（近世には「中街道」）とよばれた南北の道があり、平城宮と藤原宮をむすぶ大動脈であった。狭い道路ながら、現在でも電柱に看板が掲げられるなど、道筋がよく残っている（図3）。二階

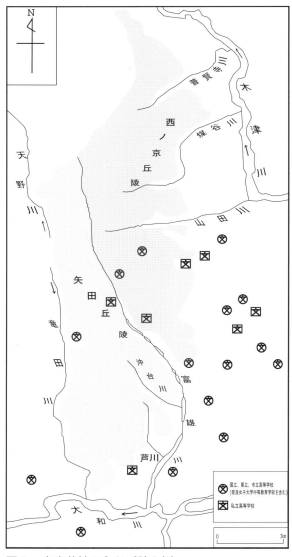

図1　奈良盆地の主な丘陵と川
北畠（1981）などを元に作成

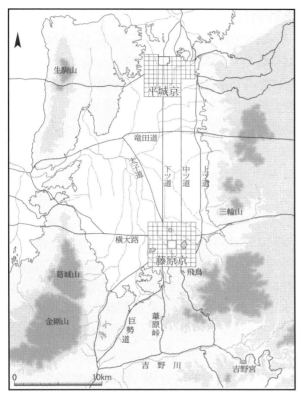

図2　奈良盆地の
　　　古代の道路
（奈良文化財研究所飛鳥資料
館『飛鳥・藤原京への道』よ
り転載）

図3　電柱の標識「下ツ道」

堂付近では、この「下ツ道」の東側約280mには南北に平行して国道24号線が、また、西側約300mには同じく南北に平行して国道24号線バイパス（京奈和自動車道）があり、現在ほとんどの車はこれらの道路を使用している。

旧街道には、古くからの集落と、集落の中心であった名残として小さな郵便局が見られることが多い。また、電柱の位置を示す「電柱番号札」は、電柱開設後に変更されることは少ないため、電柱が最初にできた当時の道路名・地名を残している。この「電柱番号札」を追うことにより、昔の集落や道路について知る手がかりにすることもある。

６．フィールドワークの目の付け所

フィールドワークを行う地域に合わせて、こうした地図等をうまく組み合わせ、調査のストーリーを準備した上でフィールドワークに出かけることが望ましい。また現地では、土地の高低差や、用水路の水の流れる方向に注意して観察することは、ハザードマップの深い理解にもつながる。県内には至る所に断層や撓曲があるが、気づかずに生活していることも多い（奈良北高校、西の京高校、郡山高校、生駒高校の付近など）。ため池が埋め立てられて公共施設ができていたり（奈良朱雀高校）、高校の敷地だけ周囲よりも盛り土がされていたり（法隆寺国際高校）といった、普段目にする風景からも、その地域の歴史を知ることができるはずである。

奈良バイパス沿いのロードサイドショップ（奈良朱雀高校）、城下町の町並みや堀（郡山高校）、古くからの商店街（桜井高校）、昭和期にあった工場の跡地利用（高田高校）、多数の古墳や寺社など、フィールドワークをしていると、小中学校の地理的分野でも習った風景に遭遇することがある。図書館で市町村誌を調べるまでもなく、最近ではインターネットで調べられることも増えている。しかし、こうした「見る目」を養っておかないと、目に入ってきても気づかない、つまり「見えていない」ことと同じなので、研鑽が必要である。大学の地理学科（教員養成課程の場合は地理学を専門とする教員）は、得意分野の

差こそあれ、こうした「見る目」ができているので、連携を取っていくことが必要であろう。

　学習指導要領の目標に戻ると、「C(2)生活圏の調査と地域の展望」では、他の場所と比較しながら高校周辺の様子について捉える視点を持つと教えやすい。地図情報や統計情報などから予備調査を行い、それをフィールドワークによって確認し、地域の発展・展望につながるように指導することが望ましい。

　以上が、奈良県内の高校を題材にしたフィールドワーク案の概観である。それでは、前出6校でのフィールドワークの具体例について紹介したい。

① 奈良県立添上高校のフィールドワーク
水の恵みと洪水の危険性

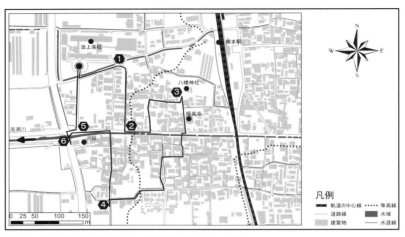

図1　添上高校の周辺図（番号は写真に対応）

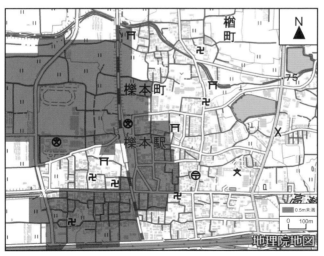

図2　添上高校付近の浸水ハザードマップ

　出典：図1＝基盤地図情報、図2＝地理院地図（いずれも国土地理院）を加工して作成

写真❶　添上高校前の用水路

写真❷　用水路の取水口

写真❸　神社にまつられる龍神

写真❹　南へ水を流す取水設備

写真❺　水田に水を流し入れる設備

写真❻　洪水から家財を守る水屋

添上高校のフィールドワーク〔天理市櫟本町〕

　添上高校の正門前には、用水路がつくられている（写真❶）。この用水路の水は高校の西側にある水田の農業用水となっている。まずこの用水路の水源を追っていこう。途中から道の下に隠れている（これを暗渠という）が、水の音を頼りに追っていく。そうすると、写真❷の場所で、高瀬川につながっており、水を本流から用水路に流す設備（可動堰）を発見できる。水は高いところから低いところに流れるので、写真❷の場所は、写真❶の場所よりも高いことがわかる。図２は、大雨が降ったときに浸水する可能性がある場所を灰色に塗った「洪水ハザードマップ」である。JR桜井線櫟本駅の西側、高瀬川の北側にある写真❷付近だけは浸水しない場所であるとされている。これに対して、高校は浸水する可能性がある場所であることもわかる。

　つぎに、北東にある神社に向かって歩こう。八幡神社（写真❸）に龍神をまつった石碑があるが、龍神は水の神様である。農業用水として高瀬川から分けられる水の恵みを祈り、また大雨の時に浸水しないように祈る、神聖な空間となっている。八幡神社のすぐ南側には、立派な極楽寺（天理市櫟本町）の門構えが見える。

　さて、高瀬川よりも北側には、写真❷の場所から高校に向かって流れる用水路が作られていた。では、高瀬川よりも南側の水田には、どこから水を引いているか探そう。写真❷と似た設備が、写真❹の場所で見つけられただろうか。次に、南側の用水路に沿って、歩いてみよう。集落から南に外れてすぐ、写真❺の地点で、用水路に設置されている設備を見つけられる。東側の水田で水が必要な時期には、この設備を操作すると、水を用水路から流し入れることができる。この道をまっすぐ北側に戻って進み、高瀬川沿いの道を左に曲がろう。写真❻の住宅の横には、１階の高さが住宅よりも高くなっている白壁の蔵（水屋）がある。図２で確認すると、この場所は浸水する場所としない場所のほぼ境界線上にあるため、洪水に備えた家の造りになっていると考えられる。そして、まっすぐ北側に歩いていくと、高校の正門が見えてくる。

② 奈良市立一条高校のフィールドワーク
一面の水田だった佐保川の氾濫原と大仏鉄道跡

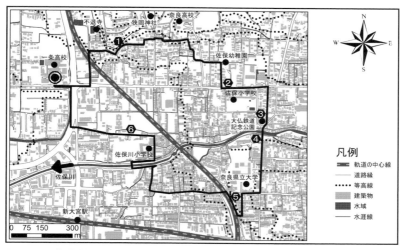

図1 一条高校の周辺図（番号は写真に対応）

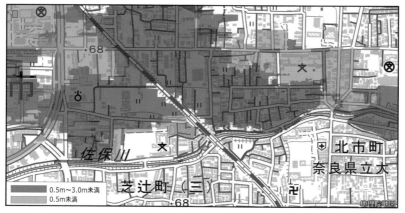

図2 一条高校付近の浸水ハザードマップ

出典：図1＝基盤地図情報、図2＝地理院地図（いずれも国土地理院）を加工して作成

写真❶　電柱の標識「フタイジ」

写真❷　佐保小の前の道路

写真❸　大仏駅跡

写真❹　下長慶橋から南へ上る商店街

写真❺　油阪の推定断層（撓曲）

写真❻　佐保川小の北側の道

一条高校のフィールドワーク〔奈良市法華寺町〕

　高校から歩道橋を渡って東へ向かう。一つ目の曲がり角を左折し、踏切を過ぎた直後は登り坂である。この坂の手前は佐保川の堆積によってできた氾濫原、坂の上は洪積台地となっており、その境目がここにある。このあたりの佐保川氾濫原では、戦後すぐまで水田が広がっていた。

　さて、明治以前からある古い道を東に曲がろう。ここでは電柱の標識に注目しながら進んでいく。電柱の標識は、現在では消えてしまった昔の集落名などを見つける手がかりとなる。「フタイジ」（不退寺）という電柱の標識をたどっていくと、集落と水田地帯の昔の境界をたどれる（写真❶）。

　市立佐保小学校前の道は車の往来が多い上、歩道が狭いので注意して進もう。この道路は、西に向かって緩やかに下がっている（写真❷）。浸水ハザードマップ（図2）を見ると、下り坂に沿って浸水深が深くなっている。

　佐保小学校の先を右折し、1907（明治40）年に廃止された大仏鉄道の大仏駅跡へと向かう（写真❸）。1912（明治45）年発行の地形図と現在を比較すると、旧大仏駅記念公園から北に延びる3本の道は、東側からそれぞれ鉄道線路跡、新道、旧道であると読み取れる。さらに南へと進み、佐保川にかかる下長慶橋を渡ると船橋商店街に入る。この商店街は、1969（昭和44）年に廃止された近鉄奈良線油坂駅につながっていた。この道は下長慶橋から300m進む間に6m上る坂になっており、川沿いの氾濫原（沖積層）から洪積台地に入ったと実感できる（写真❹）。奈良県立大学正門前から南下する道も、大仏鉄道の跡である。そこから少し西に出ると、道路と歩道に2mほどの高低差がある（写真❺）。都市圏断層図をみると推定断層（撓曲）とされている。坂の下は氾濫原（沖積層）、坂の上は東大寺大仏殿につながる洪積台地である。

　そこから、西へ進み佐保川沿いを歩く。橋を渡って佐保川小学校の北側の道へと進む（写真❻）。ここは、ハザードマップによる最大浸水深が0.5〜3.0mと深い（図2）。道路も緩やかに一条高校に向かって下がっている。国道24号線沿いのロードサイドショップを横目に高校に戻る。

③ 奈良県立平城高校のフィールドワーク
ニュータウンと古代からの道

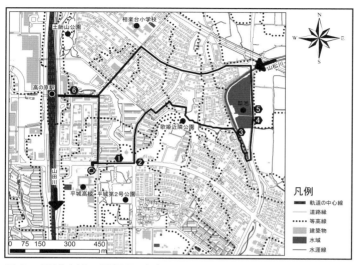

図1　平城高校の周辺図（番号は写真に対応）

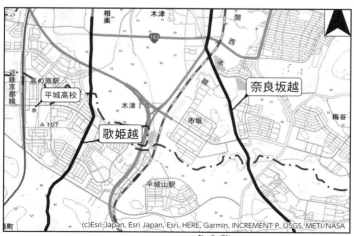

図2　京街道の歌姫越（西街道）と奈良坂越（東街道）

出典：図1＝基盤地図情報（国土地理院）、図2＝Esri Japan, Esri, HERE, Garmin, INCREMENT P., USGS, METI/NASAの地図を加工して作成

写真❶　奈良市側の給水塔

写真❷　府県境付近の交差点

写真❸　山松川の可動式ダム

写真❹　水田を潤す皿池

写真❺　旧国境を示す石碑

写真❻　高の原駅前の下水処理場

平城高校のフィールドワーク〔奈良市朱雀〕

　一般的にニュータウン内の高台には、上水道の水圧を高めるために給水塔が建てられており、ランドマークとなっていることが多い（写真❶）。平城・相楽ニュータウンは、奈良県奈良市と京都府木津市・精華町にまたがっている。この場所から少し東に進んでいくと奈良県と京都府の府県境となる交差点がある（写真❷）。車に気をつけながら、この交差点付近で道路に埋め込まれている府県境の印を見つけてみよう。また、奈良県と京都府では街灯や中央分離帯などに違いが見られるだろうか。ここでは、奈良市のUR高の原駅前団地給水塔と、木津市の相楽東配水池が隣接している。

　次に、奈良県と京都府の府県境に沿ってこの公園内を東へ進んでいくと、眼下に山松川が見えてくる。この山松川の京都府側には、水量を調節する可動式ダムが設置されており（写真❸）、金属製の板を操作すると山松川の水を東側の皿池へ流入させることができる（写真❹）。さらに皿池の東側へとまわると、皿池への流入口と皿池からの流出口を見つけることができる。この皿池は、南北2つに分かれており、それぞれが水量を調節することが可能である。皿池からは東側の水田に水を流し込んでいる。

　さて、皿池の南東端の道路沿いには道標として、高さ約2メートルの立派な石碑が建てられている（写真❺）。ここは昔から大和国と山城国との境界であり、現在も奈良県と京都府の府県境として継承されている。この道は、奈良時代から使われている歌姫街道であり、下ツ道を北に延長した道である。歌姫越は古代から平安時代にかけて、奈良と京都を結ぶ重要な交通路であったが、平安京遷都後は奈良の寺社に近い奈良坂越がメインロードとなっていった（図2）。

　皿池の北にある道路を西に進み、近鉄京都線高の原駅の近くまで戻ろう。高の原駅の東には、下水処理場が設置されている（写真❻）が、駅前からは公園に見えるように計画されている。人々の生活には上水道と下水道が必須である。普段利用している駅の近くを通っていても気づいている人は少ないかもしれない。ニュータウン内の歩行者専用道路を南下するとすぐ高校に着く。

4 奈良県立奈良北高校のフィールドワーク

富雄川に沿って栄えた水田地帯と崩壊地形

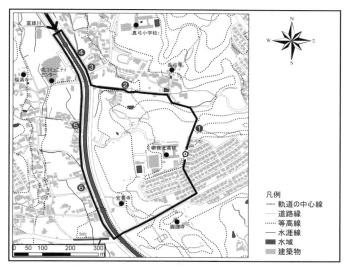

図1　奈良北高校の周辺図（番号は写真に対応）

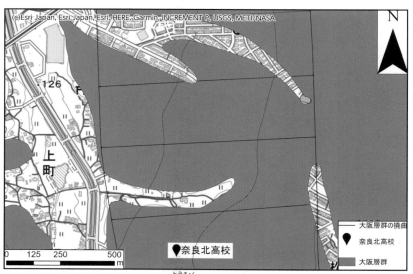

図2　奈良北高校付近の地形と撓曲（とうきょく）

出典：図1＝基盤地図情報（国土地理院）、図2＝Esri Japan, Esri, HERE, Garmin, INCREMENT P., USGS, METI/NASAの地図を加工して作成

Ⅲ - 1

高校周辺のフィールドワーク指導案の事例

097

写真❶　大阪層群の露頭

写真❷　土砂崩れによってできた谷

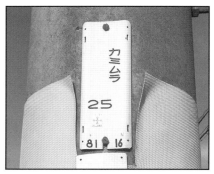

写真❸　電柱標識「カミムラ」

写真❹　蛇喰バス停

写真❺　富雄川の氾濫原

写真❻　富雄川ラバーダム

奈良北高校のフィールドワーク〔生駒市上町〕

奈良北高校の正門から北に向かうと、左手に細い山道がある。足元に注意しながらこの山道を少し下ると、右側に小さな土の崖（露頭）がある。この露頭は礫・砂・粘土でできており、もろく崩れやすい（写真❶）。奈良北高校や真弓の住宅地がある丘陵は、大阪湾の海底堆積物が、生駒山地の断層運動によって持ち上げられた、この大阪層群からなる。

この山道を降りていくと、すぐに長久寺近くの舗装道路に出る。薬師院会館東側の水田から富雄川近くの大鳥居にかけて東西方向の道路沿い（写真❷）は、古い時代の土砂崩れ跡であると考えられる。この谷の両側を見ると、富雄川沿いから高校の裏門に上る坂と同様、丘陵の西端は急な坂になっている。ここは、図2をみると撓曲であることがわかる。

富雄川沿いの氾濫原（沖積低地）は、奈良時代以前から「鳥見（とみ）」とよばれ、水田が広がっていた。「トミ」の読み方は「富雄」「登美ヶ丘」などに現在も残っている。「鳥見庄」はやがて上中下に分割され、長久寺は「上鳥見荘」の中心であった。「上」の名称は、電柱標識「カミムラ（上村）」（写真❸、現在は「上町」）をはじめ、市立中学校や交差点名等に残っている。

富雄川沿いの道を北西に歩いて行くと、蛇喰バス停（写真❹）がある。蛇喰はこの東側の集落名で、もともとは「砂崩（じゃぐえ）」とされ、「じゃぐい（蛇喰）」、やがて現在の「じゃはみ（蛇喰）」と変化したようである。昔は土砂崩れのことを「蛇崩れ」や「蛇落」とよんだため、「蛇」という漢字がつく地名の多くは危険な土地であることが知られている。

富雄川沿いを南に進むと、ラバーダムが見える（写真❻）。1982（昭和57）年に発生した大和川流域の大規模な洪水をきっかけに、翌年には大和川北部が国の総合治水対策特定都市河川に指定され、大規模な河川改修が実施された。富雄川は周囲の氾濫原より深く掘られ、立派な堤防が作られただけでなく、水流を弱める目的で設置された設備がラバーダムである。このラバーダムは洪水時に使用される。西村橋を経由して撓曲の坂を上ると、高校の正門が見えてくる。

⑤ 奈良県立十津川高校のフィールドワーク

十津川沿いの地形と山村の暮らし

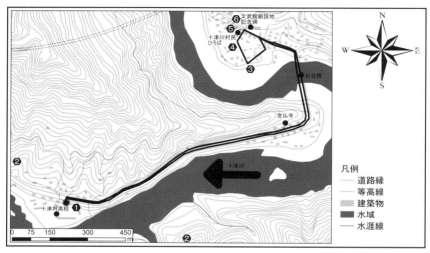

図1　十津川高校の周辺図（番号は写真に対応）

図2　十津川高校付近の空中写真（1948年）

出典：図1＝基盤地図情報（国土地理院）を加工して作成、図2＝米軍撮影の航空写真

写真❶ 低い位置にある校舎

写真❷ 土砂崩れ跡

写真❸ 旧折立橋の主塔跡

写真❹ 水災害警戒石碑

写真❺ 電柱に残る旧道の跡

写真❻ 旧平谷小学校

十津川高校のフィールドワーク〔吉野郡十津川村〕

　高校の正門を出て、校舎の方を振り返ってみよう。道路に立つ自分の目線が、校舎の２階よりも高い（写真❶）。校舎は道路より10mほど低い場所に建てられていることがわかる。つぎに、周りの山に目を向けてみると、新旧さまざまな土砂崩れ跡（写真❷）が４か所ほど見つけられる。その後、東に向かって進み、折立橋を渡れば折立集落にたどり着く。折立郵便局と消防署の間の細道を進むと、正面につり橋の主塔跡がある（写真❸）。橋の主塔跡は対岸も確認することができる。これは1934（昭和９）年から1958（昭和33）年まで使われていた旧折立橋の一部であり、橋の開通式の写真が残っている。

　さらに、その道を西に向かって進んでいくと、大水害を記録する石碑が設置されている（写真❹）。これは、2011（平成23）年９月の紀伊半島大水害によって被害を受けた村内の各地に設置されているうちの一つである。この災害の際に受けた被害についても刻まれている。その道を進みながら、次は電柱の標識に注目してみよう。例えば「ヒラタニ61Ｗ２Ｓ１」がある（写真❺）。これは、平谷集落の61本目の電柱から西に２本目、南に１本目という意味である。では、電柱を確認しながら、道に沿って国道に出ると「ヒラタニ58」など多数確認できる。一方、郵便局前の電柱の標識は「オリタテ１」となっている。つまり、電柱を敷設した当時のメイン道路は、現在のメイン道路とは違い、石碑へ続く細い道から、旧折立橋につながっていたことが、現地情報から復元できた。

　最後に、村立平谷小学校跡を見てみよう（写真❻）。平谷は折立とは少し離れた集落名だが、なぜここに平谷小学校があったのか。村立折立中学校は2011年に統合され廃校となった。2017（平成29）年の村内小学校の再統合に向け、新校舎の建設で行き場がなくなった平谷小学校が2012（平成24）年に旧折立中学校に移転してきた。そして現在は、平谷にある村立十津川第二小学校に統合された。小学校・中学校の跡地となったこの校舎には、災害の際に避難してきた人のためのファミリールーム用品が常備されている。

　銀行・郵便局・消防署が集まる折立から国道沿いに高校へと戻る。

6 奈良県立郡山高校のフィールドワーク
西側からは見えない郡山城

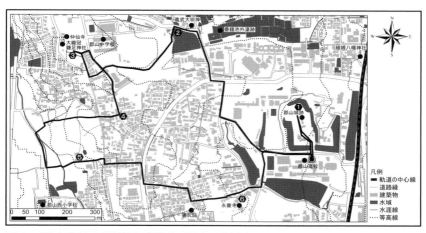

図1　郡山高校の周辺図（番号は写真に対応）

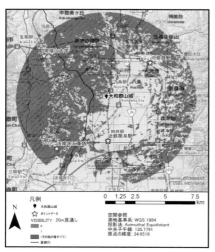

図2　郡山城からの可視領域

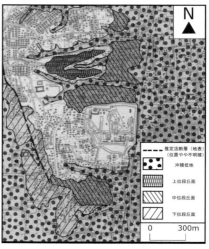

図3　郡山付近の地形分類図

出典：図1＝基盤地図情報（国土地理院）を加工して作成、図2＝Esri Japan, Esri, HERE, Garmin, INCREMENT P., USGS, METI/NASAの地図を加工して作成、図3＝地理院地図（国土地理院）1：25000都市圏活断層図「桜井」の地図を加工して作成

写真❶　郡山城天守から東側の風景

写真❷　尼ヶ池跡

写真❸　大織冠鎌足神社

写真❹　蛇ヶ池跡の高低差

写真❺　郡山西小学校北側の推定断層

写真❻　永慶寺の山門

郡山高校フィールドワーク〔大和郡山市城内町〕

　県立郡山高校は、郡山城の二の丸の位置にある。まずは、郡山城天守跡へと登り、城の東側に広がる城下町を一望する（写真❶）。郡山城が西の京丘陵の尾根の、南端の脇に位置することを確認できる。西側は木と丘陵の尾根がさえぎり、比較的近い富雄川の谷ですら天守台から見ることはできない。GISで可視領域の計算をすると（図2）、20mの天守閣があっても、尾根筋より西側では、屋根すら見えなかったことがわかる。

　さて、天守をおりて北西へ向かう。すると、郡山城の外堀にあたる尼ヶ池（写真❷）が見えてくる。この付近は、かつて豊臣秀吉が藤原鎌足墓所を多武峰にある談山神社から遷座させた場所と伝えられている。

　つぎに、尼ヶ池の集水域となっている谷に沿って歩こう。交差点のところが谷の始まりと確認できる。そこから、少し北に行くと、大織冠鎌足神社が見えてくる（写真❸）。この神社は、周辺と比べて少し高い位置にある。また、前述の遷座は、2年ほどで元の多武峰（談山神社）へと返還している。その後、談山神社から分祀し、再度鎌足をまつる神社が造られた。なお、大織官の「織」の文字は職の文字が使われることもある。さらに、そこから尾根に沿って南下する。そこで急激に低い位置に並ぶ住宅街が見えてくるだろう（写真❹）。ここは、蛇ヶ池というため池の跡である。そのため、周囲の道路から3mほど低い場所に住宅が並んでいる。

　西へと進み、水田の間の道を歩いていこう。市立郡山西小学校の近くまで進むと、家の西側の塀が高くなっている場所がある（写真❺）。この高低差は断層によるものと考えられている（図3）。高低差のある周辺は、なめらかな斜面上の梅林になっており、断層の存在には気づきにくい。

　最後に、東へと進み永慶寺へと向かう（写真❻）。ここは、郡山城の南西（裏鬼門）の方角にあたる。城の北東〔鬼門〕の方角には八幡神社が置かれていることからも、陰陽道の影響を受け、鬼門・裏鬼門の方角には寺社を配置する都市計画が行われたことがわかる。永慶寺の東側は郡山高校の野球場である。

２．地理総合の実施に向けて
奈良大学文学部地理学科　木村圭司

１．はじめに

　いよいよ令和4（2022）年4月から高等学校地歴科の必修科目「地理総合」が始まる。まず、「地理総合」は暗記科目ではなくて、考える科目であると、再確認していただきたい。高等学校では、地名や特産品を暗記するだけの教科は必要ない。高校生一人一人に、社会的な事象を、位置や空間的な広がりに着目して捉え、地球の環境条件や地域間の結びつきなど、人間の営みとのかかわりに着目して考えさせることが必要である。これが学習指導要領「生きる力」の本質となる。教員が知識を与え続けるだけでなく、生徒たちが考えられるように授業を組み立てていくことが大切である。そして、考える力がついたかどうかを試験等で評価する、という評価方法も検討していく必要がある。すでに大学共通テストの「地理総合」のサンプル問題が公開されているので、参考にしていただきたい。

　平成30（2018）年3月に公表された高等学校学習指導要領、2018年7月に公表された高等学校学習指導要領解説をもとに、高等学校の地歴科教員はこの3年間、手探りで準備を重ねてこられたであろう。一方で、教科書検定制度があるため、教科書の概要は2021年5月まで知ることはできなかった。教科書の見本が各社から送付されてくるまで、高校教員は「地理総合」の具体的な姿を捉えられなかったのではないだろうか。

　高等学校の社会科・地歴科では長らく「地理」は必修ではなかった。制度上、「地理」が必修から外れたのは、高等学校で1973（昭和48）年から実施された学習指導要領以降であり、約50年ぶりの必修復活となる。その後もしばらくの間は、「地理」・「日本史」・「世界史」が横並びとなっていた。しかし、高等学校で1994（平成6）年から実施された学習指導要領において地歴科で「世界史」

が必修化され、状況は大きく様変わりした。「地理」を選択する生徒数は徐々に減少し、それに合わせて大学入試科目でも「地理」を選択できる大学が減少した。大学の地理学科自体も改組により減少した。これらは負のスパイラルとなっていったのである。平成6（1994）年に高校1年生だった世代は、2022年に44歳となっている。つまり、40歳代前半より若い高校の教員、言い換えると半数を超える高校の教員の多くは、「地理」を高校で学んでいない。高等学校地歴科教員の多くは、高校生の時に「地理」を学ばず、また大学の教職課程でも最少4単位だけ地理（「系統地理」2単位、「地誌」2単位）を取得すれば高等学校の教職免許が取得できる。このため、中学校1年生で社会科の地理的分野を学んだ後、ほとんど地理に触れる機会が無いまま、現状に至る場合もある。

　このように、高等学校の地歴科教員の多くは、ご自身が高校時代に地理を学ばず、大学でもほとんど地理に触れず、これまで地理を教えたことがない。しかし、「地理総合」が必修化されると、全日制普通科だけでなく、定時制でも通信制でも、工業科や商業科でも、「地理総合」を教える必要がある。地理総合を教える教員のために、教科書・教授資料だけでなく、板書や定期試験の例をはじめ、各種資料が教科書会社などから示されている。このような資料をうまく使って行くことをお薦めしたい。

　さて、本稿では、「地理総合」の実施に向けて、高校の地歴科教員、特に世界史や日本史を専門とする教員が、どのように「地理総合」の授業を実施していけば良いかを考えていく。

2．2022年度から高等学校で実施される学習指導要領における「地理総合」

①「地理総合」という科目

　2022年度から高等学校で実施される学習指導要領では、「地理」は引き続き「地歴科」の中に置かれる。地歴科の中で、「地理総合」2単位と「歴史総合」2単位が必修となり、年次進行で「地理探究」「日本史探究」「世界史探究」3単

位が選択として設置される。すなわち、「地理総合」「歴史総合」は1年次または2年次に置かれることがほとんどとなる。実際には、全国の約半数の高校で1年次に、残りの高校では2年次に「地理総合」が置かれるようである。ごく少数ではあるが、「地理探究」を開講しないことを前提に、「地理総合」を3年次に置く高校もある。

　大学入試でも、令和7（2025）年1月に実施される大学入試共通テストから、「地理総合」「歴史総合」という科目となる予定である。令和2（2020）年1月まで実施されていた大学入試センター試験は、令和3（2021）年1月実施から大学入試共通テストになり、すでに傾向の変化の兆しがあらわれている。限られた時間内に複数の資料を読み解いたり、学習した知識に基づいて考えさせたりする問題が増えている。大学進学を考えている高校生は、大学入試に照準を合わせて、高校での学びを進めることが多い。その結果、高校の授業は、丁寧に資料の読み取りを解説したうえで、考えることをアドバイスする方向になる。もちろん、基礎的な事項は知っておく必要がある。現状でも、高校地歴科での地理は、グラフなどの図表の読み取りがあるために、理系の受験科目として高等学校で指導されることが多い。

　「地理探究」は、「地理総合」を履修した後に3単位の授業を学ぶ。つまり、「地理探究」を選択する生徒は、高校で地理を計5単位学ぶことになる。これは2021年度までの生徒が受講した「地理B」4単位よりも多い。学習指導要領に書かれているように、「地理総合」と「地理探究」では、内容の重複が無いように注意することとなっているため、「地理探究」では系統地理・地誌とも、かなり深い学びが期待できる。もちろん、教員も深い知識をもとに生徒の指導が必要になる。ここにやや不安があったが、ある高校の教員と話をした際に、「私たちも教えるプロなので、教えなければならない事項は、しっかり教えますよ。」とお話しいただいたことを心強く思っている。

②「地理総合」で教える内容

　学習指導要領における「地理総合」の内容を確認すると、すでに本書で何度も取り上げられたように、大きな3本の柱からなる（表1）。

表1　「地理総合」の内容

```
Ａ．地図や地理情報システムで捉える現代世界
　(1)　地図や地理情報システムと現代社会
Ｂ．国際理解と国際協力
　(1)　生活文化の多様性と国際理解
　(2)　地域的な課題と国際協力
Ｃ．持続可能な地域づくりと私たち
　(1)　自然環境と防災
　(2)　生活圏の調査と地域の展望
```

Ａ．地図や地理情報システムで捉える現代世界

　現在、高度情報化社会が進むことにより、地理情報システム（Geographic Information System：以下GISと略する）は、生活の中に溶け込んでいる。「地理総合」の準備を精力的に進めている高校の先生方からは、「GISって何ですか？」「GISはとっつきにくい」「GISを教えるって、何をすればよいのですか」という質問を多く受ける。アルファベット3文字の略称がハードルをさらに上げているかもしれない（このため、筆者は授業でGISのことを「簡単地図ソフト」と呼ぶこともある）。これまでに教えたことも、ご自身が習ったこともないGISを生徒に教えるので、不安を抱かれるのも当然である。しかし、心配は全く不要である。現在普及しているカーナビやスマートフォンの位置情報をGISの一例とすれば、非常に理解しやすい。

　カーナビは、電源を入れると、現在地が地図画面に表示される。そして、目的地を電話番号や施設名で入力すると、その場所が地図画面に表示される。コース検索のボタンを押すと、高速道路の使用・不使用の情報を尋ねられ、それに答えると、最適なコースが表示される。こうしたカーナビの使い方は、学校では学んでいないが、多くの人が自然と使っている。

詳しく説明すると……この一連のカーナビの操作で、例えば目的地の電話番号や施設名が地図と紐づけられてることに気づくが、これは内部のデータベースを呼び出しているためである。また、コース選択では、様々なコースをカーナビ内部で計算した結果、いくつかの案を提示してくれる。この部分では、カーナビの電子地図情報に入っている道路情報から、GISの空間解析機能を使用している。最近のカーナビでは、時々刻々と変わる道路交通情報を取り込んで、コース計算に利用することもある。さらに、GPS（全地球測位システム）により現在地が正確にわかるのは、多くの人工衛星から発信された電波を受け取って現在位置を計算する機能を使用しているためである。（GPSは当初は軍事情報であったが、現在では社会インフラの一つとなっている。また、「GPS」は米国のシステムであり、ヨーロッパや日本のシステムまでを含む「GNSS（全球測位衛星システム」という総称が使われるようになっている）……このような仕組みでカーナビは動いているが、要は、カーナビは電子地図を使った便利グッズである。紙地図では実現不可能な便利な機能がたくさんあるのだ。

　「地理総合」では、「地理院地図」や「RESAS（地域経済分析システム）」といったインターネットで使用するGISソフトが紹介されることが多いが、手作業でペンを使って地図を描き、色鉛筆を使って色塗りするといった手間を、タブレットやパソコンで省力化できる思うと、とても便利であることがわかる。

　さて、高校でのICT化が、COVID-19禍の下で急速に進んでいる。現在は重くてかさばる紙の教科書が一般的であるが、将来的には１人１台のタブレット・ノートパソコンを持つようになり、デジタル教科書に置き換わっていくであろう。これは、すでに進んでいる英和辞書の変化を考えるとわかりやすい。電子辞書では、小さな画面でも見やすく表現する工夫がなされている。また、紙辞書に比べて紙面の制約がなくなるために、カラーのイラストを見たり、発音を聞いたりできるようになる。さらにインターネットにつながれば、関連する事項にリンクが貼られて、興味のおもむくままに関連事項をネットサーフィンできるようになる。デジタル教科書も同様に、他の資料へのリンクが簡単に

できるようになっている。また図表も大量に入れられるので、最新のデータだけでなく、時系列的な変化までを見ることができるようになるだろう。

　高校教員は、こうした大量の情報から、何が最も重要なのかを教えていくことや、複数の資料を結びつけて考えていくことを教えなければならなくなるが、これはまさしく大学入試共通テストで求められている内容と重なる。

B．国際理解と国際協力

　学習指導要領の「国際理解と国際協力」という柱は、「地誌」とは違うことに注意が必要である。そもそも、「地理総合」は「地理探究」で教えられる地誌の先取り科目ではない。地理総合では、国際理解を主なねらいとしており、学習対象はあくまで「世界の人々の特色ある生活文化」である。実際に、地域によって生活文化はまとまりや関連性があり、それが世界地誌の地域区分に生

図1　SDGsのロゴ（国連広報センター）
　　　17の目標が、イラストと短い標語でわかりやすく示されている

かされていることは、よく知られている。

地球的課題と国際協力については、2015（平成27）年9月の国連サミットで採択されたSDGs（持続可能な開発目標：Sustainable Development Goals）という、国連に加盟するすべての国が2016（平成28）年から2030（令和12）年の15年間で達成するために掲げた目標が挙げられる（図1）。これ以前、2001（平成13）年から2015（平成27）年までの15年間には、国連で「ミレニアム開発目標」（Millennium Development Goals：MDGs）として、8つの目標（①極度の貧困と飢餓の撲滅、②初等教育の完全普及の達成、③ジェンダー平等推進と女性の地位向上、④乳幼児死亡率の削減、⑤妊産婦の健康の改善、⑥HIV／エイズ、マラリア、その他疾病の蔓延の防止、⑦環境の持続可能性確保、⑧開発のためのグローバルなパートナーシップの推進）が立てられ、いくつかの目標では改善が見られた。しかし、発展途上国の問題と捉えられがちであったために先進国は人ごとと思ってしまった反省などが、SDGsでは生かされている。また、SDGsでは、国連が厳格に管理するロゴと、各国語で書かれた短い標語が示されており、これらを私たちは目にする機会も多い。

この17の目標のうち、生徒たちが今考えている問題はどれに当たるのかを念頭に置くことにより、高校の授業の問題設定を明確にできる。

C．持続可能な地域づくりと私たち

防災については、地方自治体が作成・公開しているハザードマップを例として、身近な地域を題材に取り上げると、生徒たちも自分たちの身の回りに起こることとして、実感しながら進めることができる。この際に、詳細な標高や、断層の位置、過去の河川改修による流路の付け替え、以前に発生した災害地域など、「地理院地図」で見られるようになっている分布図も多いので、可能であれば参照していただきたい。一人一人の生徒がタブレットやパソコンを使うことが難しければ、教員がノートパソコンとプロジェクタを使って見せることもできるだろうし、紙に印刷した資料を見せることでも良い。なお、出力する

際、多くの高校では白黒印刷しかできないので、注意が必要である。

　さらに、生活圏の調査として、フィールドワーク（現地調査）を行って、それをまとめることとなる。高校でのフィールドワークとしては、時間割調整を行うことによって2時間連続にできれば、校外まで足を延ばすことも可能になる。また、最終時限に合わせて、最寄りの駅前解散にすると、高校まで戻る必要がなくなり、時間の効率的な利用が可能になるかもしれない。

　そして、フィールドワークをまとめる方法として、グループワークでの壁新聞、レポート、プレゼンテーションなどの方法がある。壁新聞による発表は小学校で経験しているはずである。フィールドワークの記録として、スマートフォンやタブレットの利用が可能であれば、カメラを使って簡単に記録できる。なお、フィールドワークでは、現地で教員が説明を行うことにより、その効果は格段に上昇する。これは大学の地理学科で「巡検」と呼ばれる手法であり、現地で説明・議論することにより、記憶にも残りやすい。

3．小中学校の地理的分野から高等学校の「地理総合」への連携と地理的技法

　生徒たちは、高校に入るまでに地理的分野を2回学んでいる。小学校5年生の社会科で地理的分野を、中学校1年生の社会科で再び地理的分野を学び、この学年配当はしばらく変化していない。

　小学校5年生では日本の自然および産業、防災について学ぶ。北海道や沖縄を例として、日本の国土の多様性を学び、農業については稲作を中心としつつ野菜や果樹栽培にも触れられ、漁業の重要性も学ぶ。防災については2020年の学習指導要領の改訂により必ず学ぶようになった。

　中学校1年生では、丸い地球、世界地誌（州ごと）、日本地誌（地方ごと）、身近な調査とSDGsについて学ぶ。中高連携を念頭に置いて見れば、「地理総合」のBとCの基礎については、中学校で学んでいる。しかし、中学校では複数の資料を比較することや、地域性、時系列的な変化などには深入りしていない。

表2　小学校社会科地理的分野・中学校社会科地理・高等学校地歴科
地理総合で教えられる「地理的技法」

		小学校	中学校	高等学校
①	地図帳の利用	○	○	○
②	統計資料の利用	○	○	○
③	地球儀の利用・時差	○	○	○
④	景観写真の読み取り	○	○	○
⑤	グラフの読み取り	○	○	○
⑥	地形図1（縮尺、地図記号）	○	○	○
⑦	地形図2（等高線、土地利用）		○	○
⑧	地形図3（新旧地形図の比較）			○
⑨	主題図の読み取り	○	○	○
⑩	雨温図	○	○	○
⑪	人口ピラミッド	○	○	○
⑫	ハザードマップの読み取り			○
⑬	現地調査・聞き取り調査	○	○	○
⑭	調査のまとめ方・ポスター作成	○	○	○
⑮	空中写真の利用			○
⑯	GISの利用			○

　こうした中で、地理的技法は、小学校、中学校、高等学校と繰り返し学ぶ。小学校や中学校の教科書を見直してみると、分布図や雨温図、景観写真の読み取りなど、高校でも繰り返し教えられる内容がみられる。小学校、中学校、高等学校「地理総合」で学ぶ地理的技法のレベルは異なるが、非常に丁寧に繰り返されていることがわかるだろう。ただ、地理的技法については、これほど丁寧に教えられているにもかかわらず、特に地理を専門としない教員には苦手な部分かもしれない。地理学を専門とする教員は、こうした技法を大学の実習（必修単位）で学んだ上で卒業している。

　一般に、学力の3要素としては、①知識・技能、②思考力・判断力・表現

力、③主体性・態度、が挙げられる。これより、地理教育の３つの大切な要素は、(1)知識：最低限のことを覚える、(2)地理的技能、(3)地理的な見方・考え方、とまとめることができる。このうち、「(1)知識」は、どこまでを最低限とするかは難しいが、暗記は地理嫌いにつながりかねないので注意が必要である。「(2)地理的技能」は、景観写真、主題図、地形図、空中写真などを読み取る力を養うことである。「(3)地理的な見方・考え方」は、社会的な事象を、位置や空間的な広がりに着目して捉え、地球の環境条件や地域間の結びつきなど、人間の営みとのかかわりに着目して考えさせることである。

　表２中で、④に挙げられている景観写真の読み取りについて例を挙げる。次の写真１と写真２を見てもらいたい。

写真１　入り江にある村と船

写真２　海沿いの町と船

　写真１も写真２も船のある風景であるが、全く違う景観である。１枚の写真だけだと特徴を挙げることは難しいかもしれないが、写真１と写真２のように２つの写真を並べて比較すると、違いを見つけやすい。

　写真１は、トタン屋根と木でできた簡素な建物に漁船から魚をあげている。魚をあげる場所は、雨季と乾季の水位の変化があるため、高床式になっている。トタン屋根の左側には、住居の屋根が見えており、貧しい感じではない。この写真はタイの中南部、プラヤーナーコーンの近くの漁村である。

　写真２は、ヨットやボートが多く停泊している。石灰岩でできた白い壁が特

徴的である。市街地が見えないのは、高い城壁で囲まれているためである。この写真は「アドリア海の真珠」とも呼ばれる、クロアチアのドゥブロヴニクである。世界遺産としても有名な観光地となっている。

　次に、表2の⑥⑦⑧に挙げられている地形図の読み取りに関しては、歴史を専門とする先生方が最も苦手とする技法かもしれない。このためか、地形図の読み取りについては小学校・中学校で教えられることが少なく、高校でも授業で扱わないことが多い。実際には、段彩図を作ったり、断面図を作ったりして、等高線から尾根と谷を読み取ってイメージできるかどうかなどがポイントとなる。歴史を専門とする教員も、自信を持って教えられるようにしていただきたい。こうした技法は入試では一意に正解が決まるため、図が鮮明に印刷できれば、入試には出しやすい分野である。

　最後に、表2の⑨に挙げられている主題図の読み取りについては、練習をすれば読み取れるようになる。まず、主題図には必ずタイトルと凡例があるので、何について示された図なのかを理解する。そして、全体の分布傾向を示した後で、特徴的な地域に目を向けるという流れとなる。さらに深める場合には、関心のある地域について解釈していくこととなる。

４．「地理総合」の実施に向けて

　現在、高等学校の地歴科教員の人数の割合は、地理を専門とする教員は少なく、日本史を専門とする教員や世界史を専門とする教員の約半数である。また、高等学校で地理を教えている教員は、１校あたり２人のことが多い（独自アンケートによる）が、中には現行学習指導要領のもと、地理を全く開講していない高校もある。

　このため、「地理総合」を準備するに当たり、担当教員が困ったときの解決方法を挙げておく。新しい科目であるので、わからなくて聞くことは恥ずかしいことではない。むしろ、わからないまま「地理総合」の授業が進められ、地理嫌いの生徒を量産することの方が大きな問題となる。

まず、校内に同じ地理専門の職員がいる場合、その職員どうしで協力をしていただきたい。地理を専門とする先生でも、わからないことがあるかもしれない。そのときには歴史も含む地歴科の先生に相談をしてほしい。次に、校内で解決しない場合には、高等学校の地理の先生方で行っている勉強会などで相談をすると、ほとんどの場合は解決できるはずである。また、教科書の内容に関して疑問な点があれば、出版社に問い合わせれば、回答を得られるであろう。さらには、近くの大学の地理学関連教員に協力を求めることも大きな手助けとなる。先生方の母校の教員に尋ねても良し、地理学科のある大学に相談を持ちかけるも良しである。大学では、高大連携を進めることが課題となっており、高校の先生からのお申し出はとてもありがたい。日本学術会議や日本地理学会、人文地理学会などでも、地理教育に関する分科会・小委員会などがあり、こうしたメンバーが中心となって相談をうけるであろう。

また、大学からの出張講義を積極的に利用することも検討いただきたい。現在、多くの大学で無料の出張講義を実施している。大学教員の仕事のキャパシティー内での対応となり、遠方にはなかなか行きにくい、という現実の中で調整が行われるものの、高等学校からの依頼があれば、大学で検討されることが多い。

高校教員は大学教員に、敷居の高さを感じているかもしれない。しかし、もっともっと積極的に大学の教員を巻き込んで、双方向からの情報交換を進めていただければ幸いである。

【おわりに】

奈良地理学会会長
奈良女子大学教授
前・奈良女子大学附属中等教育学校校長
内田忠賢

　地理が「地理総合」という科目名で、高校・社会科の必修科目になります。この本はもちろん、地理を専門とする先生方に読んでいただきたいのですが、地理以外を専門とする社会科の先生方にも、ぜひ目を通していただきたい内容ばかりです。

　地理という科目は基本、暗記ではなく、様々なデータに基づいて、論理的に想像力を働かせる性格を持っています。共通一次試験、大学入試センター試験を通じて、理系受験者の多くが積極的に「地理」を選択したのは、「日本史」、「世界史」などに比べ、暗記事項が少ないというだけでなく、データを読み解く楽しみがあったからだと私は考えています。

　「地理総合」はデータに基づきながら、現代社会をグローバルな視点で理解することを目指しています。さらに言えば、グローカル（グローバル＋ローカル）な見方・考え方を養う特徴を持ちます。身近な地理的現象を具体的に深く考えることは、日本全体の問題につながり、さらには、世界レベルの問題に通じます。「地理」は、そのようなダイナミックな思考が身につく科目です。言い換えれば、微視的な視点、巨視的な視点、それら両方をつなぐプロセスのすべてが学べ、身につくお得な科目です。

　本書の第Ⅰ部で扱うGIS、食文化、ヨーロッパ統合、移民、防災などは、地理総合の代表的なトピックスでしょう。これから始まる「歴史総合」、「公共」という社会科の必修科目の内容と深くリンクしています。すべての社会科の先生方が知っておくべき内容だと思います。

　さらに、「地理」という科目の大きな特徴は、現場から、あるいは現場を想

定しながら、より大きな問題を考える点です。先に書いたグローカルな見方・考え方に通じます。身近な地域をフィールドワークすれば必ず、ナショナルな問題、また、思いがけないほどグローバルなテーマにつながります。

「地球家族」という言葉があります。グローカルに通じる言葉です。地理はまさに、地球家族を実感できる科目なのです。この本を通して、ぜひ、実感していただきたいと思います。「地理総合」の授業をされる際、地球家族という言葉を意識した教材準備をしていただければ幸いです。

地球家族に関連するキーワードとして、SDGs（持続可能な開発目標）があります。21世紀を生きる私たちは常に地球規模でものを考え、行動しないと、将来の地球が危ぶまれるのです。普通の人間である私たちが、普段、地球規模で行動することなどできません。身近な生活のこまごまとしたことが、世界の人々の暮らしとつながり、また、地球規模の環境問題、社会問題とつながっていることを意識する必要があります。「地理総合」という科目、地理という分野、地理学という学問は、SDGs、そこから派生する諸課題を考えさせてくれます。

学校現場では近年、ESD（持続可能な開発のための教育）を意識した実践が行われています。この本を手にされた先生方の学校でも、積極的な実践が求められていると思います。その際のヒントが、この本には詰まっています。ご活用ください。

Think Globally, Act Locally.　ぜひこの本を参考に、巨視的な視野から、身近な世界を観察し、探求なさってください。

本書を作成するにあたり、奈良県地理教育研究会の多くの先生方にはお世話になった。表紙イラストは、奈良県立高円芸術高等学校の清水 薫先生に描いていただいた。また、この書籍の作成には、奈良大学地理学科の以下の学生に協力を得た。

近藤 樹、吉位優作、坂口智暉、馬場虹征、前島 誠、松井里桜、横谷雅大、

柴田悠太、牧田ことみ、（順不同、敬称略）

令和３年度 奈良県高等学校地理教育研究会

会長　　　土居　正明　（奈良県立郡山高等学校長）

副会長　　穴田　敏之　（奈良県立法隆寺国際高等学校長）

顧問　　　大西　英人　（奈良県立畝傍高等学校長）

事務局　　田中　覚　　（奈良県立高田高等学校）

　　　　　植田久美代　（奈良県立奈良北高等学校）

　　　　　吉岡　成郎　（奈良県立郡山高等学校）

　　　　　冨田　晋吾　（奈良県立西の京高等学校）

　　　　　松本　恭佑　（東大寺学園中・高等学校）

地理総合の授業

令和４年１月５日　印刷　　　令和４年１月10日　発行

編　者　奈良県高等学校地理教育研究会

発行所　株式会社帝国書院

　　　　代表者　佐藤　清

　　　　東京都千代田区神田神保町3-29（〒101-0051）

　　　　電　話　03-3262-4795(代)

　　　　振替口座　00180-7-67014

印刷・製本所　株式会社木元省美堂